万物认知指南

50个答案出奇古怪的问题与真相

［英］汉娜·弗赖伊
［英］亚当·拉瑟福德 —— 著

柏江竹 —— 译

中信出版集团 | 北京

图书在版编目（CIP）数据

万物认知指南 /（英）汉娜·弗赖伊，（英）亚当·拉瑟福德著；柏江竹译 .—北京：中信出版社，2023.1

书名原文：COMPLETE GUIDE TO ABSOLUTELY EVERYTHING

ISBN 978–7–5217–4923–6

I.①万⋯ II.①汉⋯ ②亚⋯ ③柏⋯ III.①科学知识–普及读物 IV.① Z228

中国版本图书馆 CIP 数据核字（2022）第 204771 号

Copyright © 2021 by Hannah Fry Limited and Adam Rutherford
All rights reserved including the rights of reproduction in whole or in part in any form.
Simplified Chinese translation copyright © 2023 by CITIC Press Corporation
ALL RIGHTS RESERVED
本书仅限中国大陆地区发行销售

万物认知指南

著者：　　［英］汉娜·弗赖伊　［英］亚当·拉瑟福德
译者：　　柏江竹
出版发行：中信出版集团股份有限公司
　　　　（北京市朝阳区惠新东街甲 4 号富盛大厦 2 座　邮编　100029）
承印者：　宝蕾元仁浩（天津）印刷有限公司

开本：880mm×1230mm 1/32　　印张：10　　字数：180 千字
版次：2023 年 1 月第 1 版　　　印次：2023 年 1 月第 1 次印刷
京权图字：01–2021–6063　　　　书号：ISBN 978–7–5217–4923–6
　　　　　　　　　　　　　　　　定价：69.00 元

版权所有·侵权必究
如有印刷、装订问题，本公司负责调换。
服务热线：400–600–8099
投稿邮箱：author@citicpub.com

献给英国国家医疗服务系统（NHS），
它拯救了我们两个人的性命

目 录

前 言 〰— V

第 1 章　无限可能 〰— 001

如果在一座图书馆里,你能找到世间万物过去未来的所有信息,它会是什么样的?从博尔赫斯的图书馆到当代巴别图书馆,我们都能看到无限的可能。但也有人表示,知识太多是一件危险的事,为什么这么说呢?

第 2 章　生命、宇宙以及一切 〰— 023

对于我们生物来说,体型究竟有多重要?大型动物的日子有多难过?外星人能跳多高?蚁人能呼吸吗?早在维多利亚时代,就有人在太空中种菜了?

第 3 章　正圆 〰— 055

四维空间中的球体是什么样?正圆存在吗?我们怎么知道地球不是平的?地球真的是个球吗?人类制造出的最圆的球在太空中?

第 4 章　亘古磐石 〰—　083

地球是如何诞生的？地球是多久以前形成的？这和我们在用的纪年法有什么关系？为什么说地球上下六千年？

第 5 章　时间简史 〰—　101

现在几点了？1 秒是多久？爱因斯坦对时间提出了什么样的革命性观点？在地下生活，人还能保持每天的节律吗？为什么说光阴似箭？让我们一同在时间的长河中遨游。

第 6 章　生而自由 〰—　139

你对自己大脑的掌控程度有多高？在你意识到之前，大脑就做出了决定吗？混沌是什么？我们的人生是命中注定还是自由选择？

第 7 章　神奇的兰花 〰—　179

世界末日之后发生了什么？为什么有人相信地球是平的？通灵师为什么说得准？我们都是傻瓜吗？我们人类的偏见太多了，是大脑在下定决心要欺骗我们。

第 8 章　我的狗爱我吗？ 〰—　215

我的狗爱我吗？你能读懂扑克脸吗？互联网时代，我们的面部表情也工业化了，但是，情感的范围与语言的奥妙是无穷的。但我们最想问的还是，究竟，什么是爱？

第 9 章　钥匙孔中的宇宙　〰〰—　255

　　嗅觉对动物来说有多重要？如何嗅出致命疾病？你能看见我眼中的世界吗？在我们的视线之外是什么？来看看导演剪辑版的我们以及真正的现实世界行动指南吧。

致谢　〰〰—　285

图片来源　〰〰—　287

参考文献　〰〰—　289

前言

闭上双眼。

诚然,阅读通常需要睁开眼睛。如果你现在捧着的是纸质书,那么过一会儿你必定需要睁开眼睛,因为闭着眼睛显然看不到我们接下来要说的内容。

不过,现在还是请你先闭上双眼。

在这片刻的黑暗之中,似乎什么变化也没有发生。文字仍然停留在书本上(谢天谢地),这本书也仍然被你捧在手中。在睁开眼睛的一瞬间,光线涌入双眼,你会发现好像周遭的所有事物都和闭上眼睛之前保持一致,就像你在美美地睡上一觉之后睁开双眼时一样。你看,或者不看它,世界就在那里。这个事实似乎理所当然,甚至多加思考都会显得有些傻乎乎的。但是事实上,你也是经过了一番学习,才搞清楚了那些如今被你认为是显而易见的事情。

下次你逗小宝宝玩的时候，可以试着将一个玩具藏到他们面前的毯子下面。如果小宝宝的月龄不到6个月，那么无论他们此前多么喜欢这个玩具，他们都不会试图掀开那块毯子来寻找它。这并不是因为他们没有掌握抓取和挪动布料的技能，而是因为他们对这个世界的了解远不及你——小宝宝根本意识不到这个玩具仍然存在。在他们的小脑袋瓜里，你藏起来的玩具在你盖上毯子的那一瞬间就已经从这个世界上消失了。这就是为什么小宝宝总会对躲猫猫乐此不疲，也是世界上所有的人、所有的文化都离不开躲猫猫这种游戏的原因。当你用双手盖住自己的脸，一个年幼而不成熟的头脑会认为你真的消失了，可能会从此不复存在。当你挪开双手时，小宝宝才能意识到你的存在并没有被这个宇宙抹去，他们的喜悦随着欢快的笑声而盛然绽放。

躲猫猫这个例子可以充分地说明，人类在了解宇宙和存在于其中的所有事物时有多么无能。我们对这个世界的理解并不是与生俱来的。我们是通过学习才获知，当我们看不到某样东西（包括人在内）的时候，它们是不会凭空消失的。对于婴儿来说，这是他们认知发展之路上极其重要的里程碑，我们称之为"客体永久性"，这是许多其他动物永远无法掌握的东西。你只要遮住鳄鱼的眼睛就能将其制服，也可以通过盖住整个鸟笼的方式让一些鸟类安静下来。这不仅仅是因为它们觉得黑暗的环境让自己更加放松，更是因为它们意识不到那些困扰着它们的人类仍然存在——在毯子的另一侧。

为什么人类的大脑会执着于客体永久性？几乎所有存在过的生命都以生存为第一要务——至少也要活到能够繁衍后代之后。地球上的大多数生命都不关心世间万物为何展现为现在的模样。屎壳郎会在夜间借助银河系来辨别方向[①]，但是它们却对星系的结构以及宇宙中的绝大部分质量去哪儿了这样的问题兴致缺缺。生活在你眉毛中的无害小螨虫以我们的皮肤组织为食，然而它们却对共生共存的概念一无所知。在看到这句话之前你可能也完全不知道它们就在这里，但它们确实存在。雌孔雀会认为雄孔雀那滑稽的尾巴极为性感，让它难以自拔；这些尾巴为什么这么有吸引力当然能用复杂的方程式来解释，但孔雀对这些方程毫不在意，它只是单纯地喜欢而已。

古往今来，只有一种动物会提出这些问题，那就是我们人类。在10万年前的某个时候，一群体表大部分没毛的猿类开始对身边的几乎每一件事物都感到好奇。这些猿类的大脑在此前的100万年中变得越来越大，于是他们开始做一些其他动物从来没有做过的事情：他们开始涂鸦、画画、演奏音乐以及玩躲猫猫。

可别把史前人类的生活浪漫化了：和现在相比，史前生活

[①] 我们是怎么知道这一点的呢？科学家在晚上给屎壳郎戴上一顶小帽遮挡视线，之后发现它们完全迷失了方向，从而得出了这样的结论。并不是所有科学发现都需要复杂的高科技手段，有时只要给小虫子戴上帽子就能解决问题。

还是相当悲惨的，生存仍然是每个生命的第一要务。不过，我们的祖先已经先于大自然中的其他物种迈出了一大步，他们不仅考虑迫在眉睫的生存问题，还开始考虑整个宇宙以及自己在其中所处的位置。不过，现在的我们仍然还是猿——我们的大部分大脑和身体从本质上来说仍然只关心生存和繁衍。在过去的25万年里，我们的身体和基因都没有发生太大的变化。假如让一个来自30万年前的非洲男人或女人通过时间旅行来到现代，给他们收拾利索、理好头发，穿上漂亮的礼服或是运动休闲装，再放到大街上去，你并不可能从汹涌的人潮中认出他们。从人类并不关心宇宙如何运转这类高深思维的史前时期到现在，我们的生物学硬件在很大程度上没有什么改变。

所有这一切都意味着，我们的感官往往与我们的真实需求不相匹配。尽管我们不再需要成天忧心会不会有捕食者将我们吃掉，但我们还是可以迅捷地奔跑、跳跃。我们总是渴求甜的、咸的或是高脂肪的食物——在食物稀缺的年代，对于狩猎采集者来说，这种优先考虑输入高热量的做法是一种非常明智的策略，但是在每次吃完芝士汉堡之后都能再来一杯冰激凌的现在，这种策略就没什么用了。

这些进化的后遗症超越了我们的本能，也影响了我们的直觉。如果你问我们未曾受过科学教育的先祖，地球是什么形状的，他们很可能会告诉你地球是平的。这个答案当然也是有道理的，地球看起来确实很平（而且如果地面不是平的，我们就会掉下去），但它一点儿也不平。在第3章中，我们将会对这块大石头展开深入的探索，并且确定这一点：它不是平坦的，但也不是一个球体。由于地球自转的原因，其形状是一个扁球——大概就像一个气不太足的皮球，两极有些扁平，而中间略微突起。

在我们的视角下，太阳的运动看起来很像是绕着地球公转：在过去的45.4亿年里，它每天早上都从地面的一端升起，掠过整个天空，再从另一端落下。但实际情况其实是地球围绕太阳运行，而且其运动轨迹也不是正圆。对我们来说，当地球绕着太阳公转的时候，太阳在空间中是静止的。但实际上，太阳和我们整个太阳系正以约827 000千米每小时的超高速度围绕着银河系中心某一点运行，完成一周公转的时间就是一个银河年（2.5亿年）。我们坐在躺椅中看书的时候可从来都感觉不到一丝丝这种运动。

好奇心可能是人类有别于其他生物的标志，但光有好奇心是不够的。人类出于好奇心对现实世界的未解之谜提出问题时，不一定能立刻得出正确的答案。我们编造了数不胜数的神话故事来解释大自然中令人费解的现象：维京人认为，天空中震耳欲聋的雷声是雷神托尔驾着他的山羊战车[①]穿越天空的声音，而他那

[①] 雷神每天晚上都会吃掉他的那两头山羊，即"磨齿者"坦格里斯尼尔和"咬齿者"坦格乔斯特，然后再用雷神之锤将它们复活。诚然，这样的故事并不是由直觉得来的。

把恐怖的雷神之锤妙尔尼尔就是闪电的来源。澳大利亚原住民古奈人则认为极光是神灵世界中的山林大火。

这些关于神、山羊和鬼魂的故事至今仍在每一片大陆上被数十亿人传诵着。其中一些故事看起来好笑，但是它们从直觉上看是有意义的，而直觉是一种非常强大的东西。我们只能透过人类的有色眼镜来观察宇宙，但事实很大程度上并非如我们所见。你将会在本书里看到，一天并不是24小时，一年也不是365（又1/4）天。当我们坐在落日的余晖中欣赏地平线上的太阳时，它其实已经落到地平线以下了：地球的大气层使光发生了折射，所以尽管太阳已经落下，我们也能看到它。孩子们在聚会上吃下的甜食和蛋糕并不是让他们满地乱跑的原因。①每年在浴缸中溺水而死的人比恐怖分子和鲨鱼杀死的人加起来还要多，但是（目前）还没有哪国政府出台过管控洗澡的法律。

无论怎么看，直觉都是一个糟糕的向导。

终于，我们这些富有好奇心的猿类意识到了这一点。我们为了跳出人类受限的视角，创造了科学和数学，从而能够看到世界客观的模样，而不是仅凭自己的体验来感受世界。我们认识到了

---

① 我们所掌握的最可靠的数据表明，孩子们无论在聚会上吃什么都会疯玩起来。在一项科学实验中，科学家给孩子们提供了不含糖的食物，但告知他们的父母这些饮料和蛋糕中含糖，结果父母往往会认为孩子们的行为比他们所预见的要糟糕，但实际情况并非如此。从这个意义上来讲，父母在聚会上的表现还不如他们的孩子，孩子们只是在释放天性罢了。

自己感官的局限，并且想方设法突破限制，竭尽全力地追寻狭窄视野之外的事物，倾听耳朵可听范围之外的声音，测量可见范围之外的距离，朝向无限大和无穷小的世界不断进发。

从那时起，我们就一直在努力了解现实世界的真实情况究竟是什么样，这就是科学的主旨。我们已经在这条路上摸索了几百上千年，也遭遇了不少挫折。早期的探索往往滑稽而可笑，而且总是跳脱不出神和山羊的桎梏。柏拉图认为，我们之所以能看到东西，是因为我们的眼球会发出一束看不见的射线，它可以对接触到的东西进行探测和研究，但他并没有给出有关电磁波谱和神经元光信号传导的理论。早期的生物学家认为精子中包含一个小矮人，也就是一个超小版本的人类，而女人的任务仅仅是作为一个容器来孵化这个迷你人，直到它成长为一个完整的婴儿。艾萨克·牛顿是一名炼金术士，他在把铅变成金子这件事上耗费的精力远远超出对宇宙运转方式的研究。伽利略不仅是一位天文学家，同时还是一名占星术士，每当缺钱的时候，他就会为顾客提供有偿的占星服务。气体化学之父范·海尔蒙特认为，只要你把一些小麦种子和汗湿的衬衫塞进一个花瓶，并将其放到潮湿的地下室里静置21天，里面就会产生老鼠。

长久以来，科学研究犯过的错误数不胜数。可能有人会说，犯错其实就是科学的职责，这样我们才能找出还有什么地方能够改进，然后通过几轮勘误让一切走上正轨。总体来说，历史的车轮总会朝向进步的方向前行。我们已经建立了延续几个世纪的高级文明——我们改造了大自然、培育了动物和农作物、养活了数十亿人口；我们凭借数学和工程学修建了可以屹立上千年的建筑物，建造了能够环球航行的船只（也正是通过环球航行，我们才知道地球原来不是平的）；我们还根据太阳系的动力学情况设计出了宇宙飞船，可以访问数十亿千米之外的外星世界；我们甚至还在整个地球上的各处部署了机器人。在不久后的某一天，我们中的某个人将会在前人光辉的照耀下踏上火星，成为有史以来第一个踏上那个星球的猿类。

这些都是值得欢呼的成果。科学和数学是万能的工具箱，里面塞满了最奇妙的仪器、设备、构想和发明创造，我们可以依靠这些增强自己的能力、扩展自己的感官，从而观察到越来越多的现实。

这本书可以作为一本指导手册，它会告诉你如何抑制自己与猿类无异的大脑仅凭感官认知宇宙的倾向，转而去认清宇宙的真实面貌。它讲的就是直觉之下的真实和科学家发现的真实之间的区别。通常情况下，真实情况会让人难以置信。

这本猿类认知指导手册中的建议来自截然不同的两个科学领域。汉娜是一名数学家，她以理解人类行为模式为目的，专门针对大量数据展开研究。亚当是一名遗传学家，他通过研究DNA

（脱氧核糖核酸）来观察生物如何适应环境并生存下去，以及地球上的生命如何演化成如今丰富多彩的模样。就像所有科学领域中的其他科学家一样，我们只是在试图弄明白这个世界运行的规律。人们有时会误以为（甚至还把它错误地教给下一代），科学是知识的宝库。毕竟，"科学"（science）这个词来源于拉丁语"求知"（scire）。但是科学并不是"知道"，而是一个从"不知道"到想办法"知道"的过程。

这本书回答的问题乍看起来很简单、很愚蠢，甚至完全让人摸不着头脑。外星人长什么样？我的狗爱我吗？如果有一个"太空死亡教"全身心地崇拜即将到来的末日，那么当末日没有降临的时候他们会怎么做呢？

问题本身很简单（其中可能不包括太空死亡教的问题），但是在找出答案的过程中，我们发现它们不经意间泄露了宇宙真正的奥秘。我们只有在关闭自己的猿类大脑、使用我们发明的工具来克服进化带来的障碍时，才能看清这些奥秘。这些问题的答案揭示了我们的直觉有多不值得信任，以及在科学的武装下，我们在超越自己的道路上走了多远。

这本书讲述了宇宙的故事以及我们理解它的方式，解释了很多像时间、空间、时空和无穷这样的大概念，以及一些诸如"现在是什么时间？"这样的问题。这个关于时间的问题背后并不是"我早就该睡了"或是"你是不是该把图书馆的书还回去了？"，而是探索要通过哪一种实际、普遍、明确、绝对的测量方式才能将"现在"置于已经发生的事情和将要发生的事情之间。这个问题将带着我们踏上征途，与身处险境的水手、焦虑的银行家、古老的珊瑚、爱因斯坦和太空激光并肩前行。但我们也会讲述为什么人类如此容易犯错，以及我们如何避免犯错的故事。我们会讲述进化何以带来具有欺骗性的感官，但也会讲述它如何赋予我们神奇的大脑，让我们能够绕过重重障碍，陶醉于宇宙的奇迹当中。

这本书中有我们最喜闻乐见的故事——关于我们如何知道我们所知道的事情，以及我们在不断求知的道路上反复试错的故事。科学家和探险家的错误、自负、洞察力、智慧和偏见，以及他们艰苦的工作、悲剧、死胡同、好运气和一些非常非常糟糕的决定，所有这些都是历史的拼图碎片，我们正是凭借它们才能走到今天。这本书歌颂了帮助我们回到正轨的错误：改变自己的想法绝非易事，但随时准备纠正错误是一种美德（对于所有领域而言都是如此，但在科学领域尤甚）。这是一场穿越时间和空间的旅行，也是一场贯穿身体和大脑的游历，它会展示情感是如何强有力地塑造了我们对现实世界的看法的，以及我们的大脑是如何欺骗我们的。将上述所有内容合在一起，就是这本书中最宏大的故事：一群体表大部分没有毛发的猿类如何凭借其独特的、与生俱来的好奇心，不再满足于世间万物的表象，而是下定决心探索宇宙及其内部一切事物的结构。

现实并不是你所见到的模样。如果你已经做好准备,决定出发寻找答案,这本书就是你的指南。史上最精良的科学工具将如何引领我们看到这个世界的真面目?让我们拭目以待。

第 1 章

无限可能

空气中弥漫着一股陈旧的气味,但是并不刺鼻。天花板很低,让你忍不住要伸出手去触碰它。你的周围环绕着六面墙壁,其中有四面墙壁上摆放着一排排皮面装订的书籍。书页起皱,布满灰尘,书中的油墨可能已有几个世纪未曾得见天日。

这里不只有你所在的这一个房间。通过狭小的通风井,你可以看到别的房间,从上到下依次排列,无穷无尽地向外延伸。如果你沿着走廊,穿过另外两面墙壁上的门,走到另外一间六边形的房间,你会发现它和之前的那间一模一样。每个房间里都堆满了书,每本书中也写满了文字。

这不是一个普通的图书馆。你其实身处于一座大到不可名状的蜂巢状文字迷宫当中。在人类的历史长河中曾经存在过的任何一本书，以及任何一本你能想象到的、将来可能会存在的书，你都能在某一个房间的某一面墙壁上找得到它。暂且忘记你刚刚看到的几页毫不起眼的内容吧，这个图书馆才是真正能够带领你认知世间万物的向导。

这就是巴别图书馆，它是一个虚构的文学形象。1941年，阿根廷作家豪尔赫·路易斯·博尔赫斯以巴别图书馆为核心内容创作了一篇同名短篇小说，他在其中描述了这样一个宇宙：在这里，所有可能出现的事物都会被写在纸上，出现在某个只包含一个想法的故事中。不过我们可以想象一下，假如真的只在一座图书馆里就可以读到关于世间万物的事情，我们掌握的信息总量有多少呢？

图 1-1　博尔赫斯的图书馆

世间万物

在博尔赫斯这个大到难以想象的图书馆中，所有的书都是由字母、空格、逗号、句号等元素——这是能构成单词和句子以及其他以任何方式排列的所有的基本元素——随机组合而成的。这个图书馆保存着每个人说过、想过或写过的每一个字，以及将来会说、将来会想、将来会写的每一个字，它们以一切可以设想的方式排列着，其中夹杂着毫无意义的胡言乱语。用博尔赫斯自己的话来说，你能在图书馆的书架上找到这些：

未来的详尽历史、埃斯库罗斯的《埃及人》、罗马的神秘而真实的名字、我在1934年8月14日清晨的梦境和半梦半醒之间的意识、皮埃尔·费马定理的证明、图书馆的完整目录，以及该目录并不准确的证据。

这是一个很奇妙的想法。但是巴别图书馆又不仅仅是博尔赫斯的想象，有人已经将它建造出来了。

至少，有人建造出了巴别图书馆的一个版本。2015年，位于美国佐治亚州亚特兰大的埃默里大学的学生乔纳森·巴齐尔（Jonathan Basile）在参照现实条件设下一些必要的限制之后，建造了一座数字形式的巴别图书馆。

想象一下，现在有一个页面库，里面的每个页面上都有一个只包含5个字符的单词。写出这些字符的组合不是什么难事，不过相当枯燥：

aaaaa

aaaab

aaaac

……

诸如此类，墨水很快就会被你用干。若是想用12磅大小的字打印出上述所有组合，那么你需要准备大概60英里（约100千米）长的纸张。

而这只是5个字母的组合，还远没到博尔赫斯想象中410页的大部头[1]那种规模。乔纳森·巴齐尔很快就意识到，想要按顺序列出所有内容是不可能的。这不仅是因为该过程需要耗费很长的时间，也因为它需要极其巨大的存储空间。如果想要逐字逐句地构建一个数字图书馆，那么就算将硬盘驱动器紧密地塞满整个可观测宇宙，也无法实现博尔赫斯的梦想。

巴齐尔需要找到一条捷径。首先，他决定限制图书馆中藏书

---

[1] 在博尔赫斯的巴别图书馆中，每个藏书室都有6面墙壁（其中两面有门，不放书架），每面墙壁有5个书架，每个书架上有32本书，每本书有410页，每页有40行，每行大约有80个字母。——译者注

的规模，这里只会容纳每一张可能存在的书页，而不会是一整本书。即便如此，工作量仍然很大：每张书页上包含着由26个字母以及空格、逗号和句号组成的3 200个字符。但这至少稍微提升了一点点实现的可能性。①

后来他又想出了一个绝妙的主意，这让他不需要再耗费无数的时间去输入整个图书馆的内容。

像博尔赫斯一样，巴齐尔也将他的无限图书馆布置成了虚拟的六边形——其中有四面墙用来摆放书籍（另外两面墙上是两扇通向其他房间的门），还有书架、卷号、页码。图书馆中的每一张书页都有一个精准的坐标，例如，下面这一串字符代表的就是六边形A的3号墙，第4排，第26卷，第307页的内容：

  pvezicayz.flbjxdaaylquxetwhxeypo,e,tuziudwu,rcbdnhvsuedclbvgub,sthscevzjn.dvwc

---

① 巴齐尔的算法可以将10进制的页码转换为29进制的3 200位随机数，这需要精心设计一个以页码为起始点的伪随机数生成器。29进制中的每一位数字都与罗马字母表中的一个字母或是空格、逗号和句号相对应，所以生成文本的过程就是直接将由算法生成的超大随机数转换为文本页面。巴齐尔还保证这个算法会输出所有可能出现的结果且仅输出一次，这样可以保证我们能在图书馆里找到每一种可能存在的页面。更巧妙的地方在于，他的算法是可逆的，也就是说，如果你输入一段文本，那么该算法就能将其转化为一个29进制的数字，并且给出该页码所处的位置，从本质上说，这使得我们能够在他的图书馆中进行搜索。

诚然，这放在整个图书馆里并不是多么惊险刺激的段落。

这个图书馆得以建立的基础就是这些坐标和它所标识的文本之间一一对应的关系。巴齐尔采用的诀窍是，使用这个唯一的坐标创建一个只能由一种方式破译的代码，我们可以随时利用这一算法将一个独一无二的坐标转化为一页独一无二的文本。

你可以在脚注中查阅到更多有关巴齐尔的算法如何起效的信息[①]，但重要的是，每个页码都固定对应一个页面。输入一个坐标编号，算法就会输出一页文本；输入一页文本，算法就会输出一个坐标编号。

这些繁重的工作都由算法来承担，而不是图书管理员。它无需任何人输入任何内容，就会预先设定好每一页的内容，并且轻松地调用这些资源。每张页面都已经被安放在书架之上，静静地等待我们将它们取下来。本书英文版本章第一段的内容其实就隐藏在这个图书馆中，它位于以993qh结尾的六边形中，3号墙，第4排，第20卷，第352页。我们没有事先将这一内容放在那里，它本来就在这个位置。

[①] 巴齐尔的图书馆中包含所有从a到z这26个英文字母的排列组合，但它并不仅限于英语，我们可以在这里找到任何一种使用罗马字母的语言中的单词和词组。从这个角度来说，巴齐尔的图书馆确实与博尔赫斯最初的想法略有不同，后者采用的是22个字母的组合。博尔赫斯从现代西班牙语字母表中的30个字母出发，首先省略了所有的双字母（ch、ll、rr）以及ñ，然后去掉了他认为无关紧要的w、q、k、x（这一做法有待商榷），这样就是22个字母，如果再加上空格、逗号和句号，则共计25个字符。

```
lmgumfkwwomyzzoxpj,qyoynhdaqhtslvacnaicu
varzkdjzzazvmppap  bteq  ezlblbsjjaesejhtz
vv.b,uc.ofrx.ul gidtfhqpwikgygk,kvq. rosf.
bgdeurubwp,eqns.huyiyrnz.cocddh q.,,znuav.
wvqwwcwohn chmrwua **stale but not unpleasant
smell fills your nostrils. the ceiling hangs
low, tempting you to touch it with your
outstretched fingers. along four of the six
walls that surround you are rows of leat
herbound books, dusty creased pages and a
ncient ink that hasnt seen sunlight for
years, maybe centuries.** foxvpx.krv.,pwsmwv
iuyuhkdrcx,,wplknvo,dsopqcrmhduenco  rnpb
vdwd.xxxgsareodhjnjzf.xsxkf,aaofbmvcqlzlk
ktkweib.xhc.r,pbfkdcxhsznrjocvlaqvbn.,j.
```

图 1-2 本书英文版本章第一段的内容（加粗段落）就隐藏在这个图书馆中

我们花费了相当一些工夫来润色这段文字，但是它早就被一段不知名的代码毫不费力地写了出来，这着实有些令人难堪。当然，对无限的可能性感到难堪是毫无意义的。在巴齐尔的虚拟图书馆中也存在着这样一个页面，除了你的名字写在正中间以外，页面上的其他内容全部都是空格。里面会有一页写着你今天的经历；有一页写着你初恋的名字以及你们相识的过程；有一页写着你用汤勺杀死了现在的伴侣；有一页写着一篇精彩的故事，主角是一只叫作茉莉的狗；还会有一页精准地写着你将如何死去。这里面甚至还包含着你这一生经历过的以及将会经历的所有事情，不过有可能会有一些细节稍有瑕疵，比如你的姓名当中出现一些拼写错误。这里面还有法语、德语、克里奥尔语、意大利语等所有用罗马字母书写的语言。总之，它是一个包含了所有人类知识总和的网站。

阿雷西博信息

创造只能用一种方式破解的密码是一类常见的数学问题。1974 年,有两个人使用了这样的密码,试图代表全人类与外星生命取得联系。

与外星人打交道可能会是人类历史上最为重要的大事件。问题在于,我们一上来要说的第一句话应该是什么?任何参加过社交酒会的人都会明白,即便是在一个中等大小的房间中,并且到处都是和自己兴趣相同的人,决定如何开口说出第一句话都已经够折磨人了。那么,我们应该发出什么样的信息来向全宇宙(现在我们只能做到向全球发布信息,但是我们的目标是具备跨星系发送信息的能力)宣布"我们在这里"呢?

天文学家弗兰克·德雷克和卡尔·萨根想了个主意。他们巧妙地编码出了一条代表全人类的信息,并且在 1974 年 11 月 16 日这天借助位于波多黎各的阿雷西博望远镜通过调频将其发送了出去。

他们说了什么?让一条狗听懂人话已经非常困难了,更别说向一个外星文明介绍你这个物种。不过德雷克和萨根这两个人都很聪明,他们发现可以运用数学的普适性发展出编码信息的方法。质数是一种只能被1和自己整除的数，并且无论是在地球上，还是在土星上，甚至是在马头星云中那些尚未被发现的行星上都是如此。因此，德雷克和萨根就选择用质数来编码信息，于是这条包含着1 679个二进制数字（比特）的广播就此诞生。他们认为，能够接收到这个信号的智慧文明，必然对数学有着足够的理解，因此它们能够认识到1 679是一个半质数，也就是只能被两个质数（23和73）整除。

假设现在一位外星天文学家从外太空接收到了这个奇怪的信号，经过一番思考之后，它发现自己接收到的信息中包含1 679个比特。接下来，它伸出了某一只手，抓了抓自己的某一个脑袋，意识到应该将这些比特放置在23×73的网格当中，然后……天啊！它的眼前出现了一幅有趣的图像！

在这幅图中，外星天文学家可以看到我们太阳系的示意图，一个醒目的人形图案表明我们的家园位于从太阳向外的第三颗行星。它们会看到组成DNA的氢、碳、氮、氧、磷这几种元素的原子序数，以及DNA的双螺旋结构。它们还会看到一个表示43亿这个数字的图案，这是1974年地球的人口总数。破译了这些有关外星文明的神秘信息之后，它们可能会立即联系自己的领导人，之后可能会发生一些科幻小说中描绘的场景——它们向太阳系派出一位信使来与我们友好交流（或是摧毁我们的文明）。

这一切都使得发送阿雷西博信息的那一刻看起来具有里程碑意义，不过我得先提醒几件小事。首先，这并不是真的面向全宇宙的广播，向全宇宙广播所需要的能量已经超出了地球所蕴含的能量之总和。所以更切实际地说，它的目标其实是银河系边缘的一团恒星——所以更像是面向邻近的国家用火把照亮一个村落。

其次，让我们来看看实际的图像长什么样子（见下页）。

你能从中看到太阳系吗？能看到DNA的双螺旋结构或者是磷酸盐的化学结构吗？当然不能，这些我们都看不到。假设A是满分的话，那么1974年的这张图的评级只会是F。

讽刺的是，它看起来更像是20世纪70年代的街机游戏《太空入侵者》（*Space Invaders*）的截图，而不是一封来自陌生新世界的邮件。人形图案代表的是美国男性的平均身高——这是20世纪70年代人常有的性别偏见，因为大约一半美国人的平均身高比这个图上标示的要矮5.5英寸（约14厘米）。而且这幅图中还有一个没多久就已经过时的信息。在人形图案的下方是太阳以及太阳系中的几颗行星，显然最右边的点代表的是冥王星，那时它还是太阳系的第9大行星。

然而在 2006 年，它被踢出了行星的行列，被降级为"矮行星"。如果真的有外星人接收到这一信息并成功破译的话，它们可能会认为："这幅图像太疯狂了，我们得离这些家伙远点儿。"

最后，在 21 000 年后，当这条消息到达 21 000 光年外的目的地时，当时瞄准的目标恒星早已不在原来的位置了，并且我们这些人也早已死去。

总而言之，这个主意很巧妙，但实际效果不怎么样。

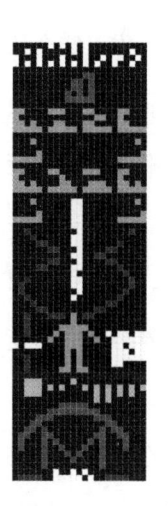

知识太多是一件危险的事

巴别图书馆是一个规模相当庞大的资源库，并且也是独一无二的，不过它并不是唯一一种总图书馆。乔纳森·巴齐尔还创建了另外一个数据库，其中包含了所有可能出现的像素组合。在这个总图片库中会有这样一张图片，上面描绘着你在土卫二的表面面对着一头巨大的鬣蜥把守的球门，稳稳当当地罚进了一个点球，在你身后的球场上站着汉·索罗、莉佐、查尔斯·达尔文以及戴着假睫毛的乔治·克鲁尼，站在他们的两边的分别是身着充气霸王龙服的玛丽·居里和一头身着玛丽·居里服饰的狮子。尽管这张图很难搜得到，但它确实存在。

你可能会认为，掌握人类知识的总和是一件好事。所有已知疾病的治疗方法都在这里，所以赶紧拿来用就行了。然而矛盾之处在于，这里能够对实际问题起到指导意义的内容其实非常少。

博尔赫斯一开始讲述的是关于一代又一代图书管理员的故事，他们曾经因手头上掌握了所有问题的答案而充满乐观，但是随着时间的流逝，他们逐渐意识到拥有一切知识与其说是一种祝福，倒不如说是一种诅咒，这让他们陷入了疯癫。所有的知识都藏在图书馆的书页中，但是找到它们则是另外一回事。信号被淹没在了浩如烟海的噪声中。

回想一下5个字母的所有排列组合，若是将它们全部写在纸上，我们需要长达100千米的纸张，这里面有99.91%的内容都是没用的。真正有意义的信息如果一行一行地写下来，最终的结果不会超过260页，这个比例大约相当于把260页纸散落在一条从斯旺西到布里斯托尔的路上，简直是大海捞针。当然，我们不能做这样的事情，乱扔垃圾是个坏习惯。

这个图书馆根本不是储藏着人类所有知识的宝库，而是一个混乱到难以想象的地方。静下心来自己去看一看[1]，当你在乔

---

[1] 巴齐尔图书馆的网址是 https://libraryofbabel.info/。

纳森·巴齐尔的图书馆中游览时，你会发现绝大部分内容都是一些莫名其妙的胡言乱语，甚至连一个连贯的单词都没有。博尔赫斯故事中的图书管理员之间流传着一个传说，称有一个人曾在500年前偶然找到了一本书，里面有将近两页可读的文本。相比之下，巴齐尔在浏览自己的图书馆时找出的最长单词是"dog"（狗）。

如果你以每秒点击一本的速度浏览巴别图书馆里的书，那么你大概需要花费 $10^{4\,660}$ 年才能看完它们。不幸的是，地球在 10^{10} 年内就会被太阳吞噬（本书第7章叙述了这一事件，这是一场突如其来的灾难），所以，祝你好运。

然后，即使在概率如此之低的情况下，你找到了一段可以理解的内容，你又怎么辨别它是否正确呢？包含癌症的治疗方法以及你将如何死去的页面，与其他海量写着看似可信内容的页面几乎没有什么区别，只是在某些关键的细节上有出入罢了。这一切将我们导向了一个反直觉的奇怪结论——这个图书馆虽然包含了所有可能为真的知识，但是它也可以说是没有包含任何知识。

知识的循环

总图书馆不一定非得由字母或像素构建，也可以由数字构成。想想数学中的一个典型案例：圆周率，也就是π。它是一个无理数，也就是说它无法用分数表示，其数值为3.141 59…这样一直写下去，不会有重复的内容。根据目前掌握的情况来看，在小数点之后的每一位上，每个数字出现的机会都是均等的[①]。如果你从π的小数点后随机抽取一个数字，那么它是0的概率和它是1、2、3、4等数字的概率是一样的。

这个规律对于数字组合来说似乎也是一样的。从π中随机抽取两个相邻的数字，你找到15、21、03或58的概率是相同的。若是随机抽取三位相邻的数字，那么找出876、420、999、124或753的概率也是相同的。

假如每种数字组合出现的概率都是相同的，而小数会永远持续下去，那么所有组合都至少会在某个地方出现一次。也就是说，π的小数点后面就隐藏着一个数字的巴别图书馆。

将这些数字转换成文本相对比较容易：我们可以将01视为A，将02视为B，等等[②]，于是我们会得出一个非凡的结论——π

[①] 我要强调一点。这只有在π是所谓"正规"数（normal number）的情况下才成立，也就是说，0~9这些数字在小数点后任何一位出现的频率相同，并且每种数字组合出现的概率也相等。我们已经将π的取值计算到了小数点后数十万亿位，目前还没有发现π不是正规数的迹象，但是这一结果还未成定论。数学家只有在非常非常确定的情况下，才会认为某一命题为真。

[②] 在这里，我可以给热爱数学的读者们提供另一个思路：更简洁的方式是参考巴齐尔的技巧，先将π转换为29进制，再转换成字母、空格、逗号和句号。当然，这样做的前提是π在29进制下同样是正规数。

中包含了巴齐尔的数字巴别图书馆中所有的文本，甚至内容更加丰富。任何长度的文本，比如莎士比亚全集、你的网络密码、你不想被人发现的秘密等，它们全都包含其中。不幸的是，就像巴别图书馆一样，它同样也囊括了更多无用的信息。"无穷"承载着一个耀眼的承诺，它是一份包罗万象的记录，而它同样也会让我们坠入绝望的无尽深渊。

巴别塔

博尔赫斯的图书馆是以巴别塔命名的，这是《圣经·创世记》里一个神话故事中的建筑，《圣经》以此解释了为何世界上的人们使用着不同的语言。

这个故事说，原本全人类使用的语言都是一样的。在挪亚大洪水之后，所有人向东迁徙到一个叫示拿的地方，并且决定在那里建造一座通天高塔。可惜，上帝对这个想法无动于衷，觉得人类太狂妄自大了，于是决定降下神罚。按照他自己的说法，他的下一步行动是"变乱他们的口音，使他们的言语彼此不通"，这听上去有些刻薄，但解释了为什么我们说着不同的语言。

《圣经》中有一些故事试图解释清楚人们观察到的现象（类似故事也在其他很多文化中存在），这就是其中之一，当然这也同样是科学的任务。人类语言演化的真实情况极其复杂，我们几乎不可能完全掌握其过程，因为口头语言不会留下化石。我们知道的是，人类在解剖学意义上具备语言能力已经有几十万年了，我们的祖先尼安德特人就已经会说话了。我们是怎么知道的？这都多亏了一些集中在颈部某块骨头上的复杂的解剖结构，这块骨头叫作舌骨（hyoid），也就是下巴底下一块马蹄形的小骨头，在你吞咽时它会上下移动。连接到这根骨头上的肌肉错综复杂，正是这种复杂性使得说话成为可能。黑猩猩、大猩猩和猩猩的舌骨则简单得多，而我们知道它们都不会说话，至少我们没听到过它们说话。

不过，解剖学意义上具有语言能力并不等同于该物种已经演化出了语言。我们曾多次尝试了解语言的演化方式，有些人提出可能曾经存在过一些早期的语言，它是我们如今使用的语言的祖先，只是已经消逝在时间的长河中。这种幽灵般的语言有很多例子，比如大约 7 000 年前的原始乌拉尔语，从理论上讲它是匈牙利语和萨米语的原型；再比如大约 6 000 年前的原始印欧语，它是包括印地语、英语、葡萄牙语、乌尔都语等在内的多种语言的原型。甚至有一些人推测，所有语言都起源于同一种原始语言，即现代语言都从同一棵语言树的树干发展而来，那时的世界就像《圣经》中描述的巴别塔建造前的状态一样。但是现在大多数科学家都反对这一观点，因为现代人类太过多样化，且分布过于广泛，因此语言不太可能同源。就我们目前所知，人类发明语言的行为出现过不止一次。

现在的语言就像一片美丽的滩涂，野蛮生长、变化多端，不断从各种文化中吸收词汇和短语。英语就是一个很好的例子，它是诸多元素的混合产物，千百年来的每一个汤姆（Tom）、迪内希（Dinesh）、黑尔佳（Helga）在入侵（invade）、迁徙（migrate）、嫁娶（take a husband or wife）、交易（trade）、偷盗（steal）和分享（share）的过程中都给这个语言带来了新的内容。顺带一提，刚刚这句话中包含的词语来自维京语、拉丁语、德语、印度语、法语等多种语言[①]。

对于不喜欢《圣经》的人来说，也许有关语言的故事当中最有见地的当属道格拉斯·亚当斯创作的《银河系搭车客指南》。巴别鱼是一种水蛭状的小型黄色生物，以脑电波为食，特别是大脑语言中枢产生的脑电波。假如你在耳朵里塞进一条巴别鱼，它将吸附在你的耳膜上，并为你翻译出所有的语

---

① 其中，Tom来源于法语名，Dinesh来源于印度语名，Helga则来源于古代斯堪的纳维亚语中的人名，invade和migrate来自拉丁语，husband可能来自古斯堪的纳维亚语，wife、steal和share来自原始日耳曼语，trade来自中古低地德语。——编者注

> 言。可惜的是,《银河系搭车客指南》同样指出:"由于巴别鱼有效地移除了不同文化和种族之间所有的沟通障碍,它比历史上任何发明创造导致的血腥战争都多。"
>
> 2018年,谷歌宣布推出类似巴别鱼的产品——无线蓝牙耳机Pixel Buds,它可以结合谷歌翻译算法提供近乎实时的翻译功能。幸运的是,现在购买该产品的用户还不是很多,我们暂时还不用担心道格拉斯·亚当斯的预言成真。

垃圾场的龙卷风

所以无限图书馆是一个无用的工具,一张无法兑现的空头支票。在现实世界中,无限可能与零没有什么区别。

但是在20世纪,有一些科学家想弄清楚这样的图书馆会不会比我们原本认为的更接近现实世界。试试看用英文字母替换地球上所有生命的遗传密码——DNA。DNA是仅由4种化学基团组成的字母表,我们通常用A、T、C、G来表示。将它们按照不同的顺序排列起来,你就能得到香蕉、牡蛎、食蚁兽等所有生物的基本配方。

问题在于,如果我们在一个由这些字母组成的图书馆里随手从某个书架上抄起一本书,并且随机翻到某一页,那么我们能找到对应于一只眼睛的完整遗传密码的概率有多大？更别提找到一个会飞的蠕舌亚目动物了吧？

这就是著名天体物理学家弗雷德·霍伊尔（Fred Hoyle）提出的观点，他不相信进化是随机突变的结果。的确，在完全随机的情况下偶然排列出哪怕仅仅是一种最基本的蛋白质也只有微乎其微的可能性，更别说找出一种具有某些复杂功能的蛋白质——比如在血液中携带氧气的蛋白质，或是将光转化为能量的蛋白质了。用他的话来说就是：

> 更高级的生命形式以这种方式出现的可能性，堪比一场龙卷风席卷垃圾场之后恰好将一堆破铜烂铁组装成一架波音747的可能性。

霍伊尔的这一观点被称为"垃圾场的龙卷风"，它将地球上的生命视为一种巴别图书馆。进化是如何从无穷无尽的碱基组合图书馆中挑选出一个有效基因的呢？正如巴齐尔在他的图书馆中找不到比"狗"这个单词更有意义的文本一样，角蛋白基因和血红蛋白基因出现的可能性几乎为零。

值得一提的是，尽管霍伊尔不喜欢进化论，但他也并不主张智能设计论。尽管如此，"垃圾场的龙卷风"也已经成为神创论者推崇至极的论据，他们凭借这一论证断言，在完全随机的进化过程中出现哪怕一个有效的基因也是完全不可能的,因此更有解释力的说法就是的确存在一个设计者的角色,他是创世者①,为某一特定的目的构建了每一种蛋白质。

当然,霍伊尔和神创论者在这一点上是完全正确的。进化不可能以这种方式进行。

万幸,进化确实不是以这种方式进行的,达尔文和所有生物学家都能松一口气了。霍伊尔对于进化论本质的认识存在根本性的错误。遗传密码并不会直接以完整的形式出现,没有哪个生物学家会这么认为。进化是建立在原本的基础上,对现有的工具进行修补——这里修改一点儿,那里修改一点儿,大多数时候都是轻手轻脚的,以免把原本有用的东西变得没用。

这与博尔赫斯和巴齐尔的图书馆不同。在那些图书馆中,每一种可能性都已经被写在了数不胜数的书页上,但基因组是一本逐渐修订完成的书,所有没用的东西都在修订的过程中被舍弃了。这个过程产生的结果不是随机的页面,而是经过编辑和筹划因而充满意义的页面。

我们可以用几个简短的词语来完成一次简单的进化,用6步将狗进化成狼:

狗　GOU

---

① 严格来说,亚当确实是创世者,因为他曾经写过一本书,书名为《创世》(*Creation*)。

谷　GU

嘎　GA

感　GAN

缸　GANG

狼　LANG①

上述每一个词语都是有意义的，同样，每一步进化的结果都必须保证这个生命能够在现实世界中生存下来。在进化的路上有很多死胡同，我们尝试过的步骤中也有许多都无法创造出有意义的词语，如GO、GUU、GAON等，但是我们忽略了这些步骤，并且不断进行新的尝试，直到出现有意义的词语。最终，我们选取了有用的词语，舍弃了没用的。

这才是进化的过程。我们不知道生命起源时的第一个基因是什么，只知道它在不断复制，而且复制的过程还总是出差错。从大约40亿年前的某一刻起，每个细胞中的基因都开始进行这些复制自身的过程，每一次复制都有出错的可能。当这些错误导致无用的东西产生时，大自然会选择将它们直接丢弃，因为它们会让生物不健康、性吸引力下降，甚至导致其死亡。而这些错误产生了新奇的、有用的东西的时候，大自然就会选择让它们生存。这

---

① 本书英文版中使用的例子是DOG（狗）—LOG（日志）—LOO（厕所）—WOO（追求）—WOOF（汪）—WOLF（狼），在此处为使用汉语拼音的类似例子。——译者注

就是我们之所以说进化要通过自然选择来进行的原因。

假如图书馆中的内容是所有可能出现的基因,那么其中就会包含在进化过程中被抛弃的基因,以及许多进化从一开始就懒得尝试的基因。在现实世界中,大自然是比随机的龙卷风工作效率更高的图书管理员。大自然就是馆长。

说到图书馆管理的问题,我又想到了另一个完全不实用的巴别图书馆,这座图书馆里有无数只坐在打字机前的猴子,而它们终有一天能敲出《哈姆雷特》和莎士比亚的其他所有作品。2003年,一些研究者尝试了这样的试验,不过他们不得不缩小试验的规模,因为若要申请无数只猴子参与试验的话,他们就需要与伦理委员会进行一场尴尬且必然失败的会谈。在一个月的时间里,6只分别名为埃尔莫、古姆、希瑟、米斯特尔托、罗恩和霍利的猕猴得到了几台打字机。它们敲出了5页纸的文本,其内容大部分都是字母s,但是它们主要做的事情其实是用石头敲击键盘,以及把自己的粪便塞进键盘的空隙中。如同这个"莎士比亚猕猴试验"的结果一样,任何形式的无限图书馆中都会存在大量废话。你手里这本书的封面上写着它包罗万象,但我们不是猴子,我们是业务娴熟的图书管理员。在这本书里,我们已经为你精心挑选出了最有意思的故事。

第 2 章

生命、宇宙以及一切

  生命不会像龙卷风刮过的垃圾场那样自行组装起来，它也不会自行尝试所有能想到的可能性，然后直接选定最有效的方案。在我们脚下这块漂浮在太空中的巨石上，所有生物都是通过缓慢而曲折的反复试错，才得以在长达40亿年的进化之后变成今天的样子。

  但是，宇宙中可不只有我们这一块石头。我们的太阳系中有8颗行星（以前是9颗，但是冥王星于2006年不幸被降级了），还有几颗矮行星（冥王星现在属于这一行列[①]）以及数百颗卫星。尽

[①] 冥王星之所以从行星被降级为矮行星，是因为我们在柯伊伯带（这是太阳系最边缘的区域，有数十亿个大小不一的天体在这里围绕太阳运行）中发现了许多大小与之相近的天体。科学家最终决定，要么将柯伊伯带中的所有重大新发现都认定为行星，要么降级冥王星。我们直到1930年才发现冥王星，这次被降级意味着它甚至还没等自己绕太阳完整公转一周，行星地位就惨遭褫夺。不过也别太难过——冥王星还是有伴儿的。它有一颗与自己大小相近的卫星卡戎，它们构成了一个双星系统，彼此牢牢地锁定在一起，就像跳华尔兹一般围绕对方旋转。此外，冥王星上还有冰火山，这种景观在整个宇宙中都不太常见。

管生命的形成有一些非常具体的前提条件——液态水、大气层、阻隔太阳辐射的保护结构等，但是在上述名单中仍有一些有望形成生命的候选者。土卫六是土星最大的卫星，它拥有富含氮的浓密大气层，以及蓬松的云层和季节性的风暴（不过土卫六上的雨水其实是汽油，而雪则是煤灰）。木卫三是木星最大的卫星，它具备液态的铁核，并且通过频繁的晃动产生了自己的磁场（地球的磁场正是抵御太阳辐射的防护网，如果没有磁场，那么太阳辐射将会摧毁地球上每一条DNA链，将一切生机燃烧殆尽）。木卫二则是木星的又一颗卫星，它的表面之下存在液态水构成的海洋，其中富含盐和其他足以将"化学"转变为"生物化学"的物质。

在我们这个小角落之外，宇宙中还有其他有生命的候选者。20世纪90年代，我们发现了第一批系外行星，也就是太阳系以外的行星，此后又陆续确认了数千颗。除此之外，还有数以百万计的系外行星正在等待分类。地球上到处都是生命，而宇宙中可能到处都是地球。

地球之外存在生命的可能性是无法计算的，因为迄今为止我们只有地球这一个样本可以研究。但是从根本上说，这个问题只可能有两个答案：要么宇宙中还有其他存在生命的地方，要么生命就只存在于地球上。从科学的角度来看，这是一个双赢的局面：任意一个情况都是惊人的。

地球生命中绝大部分都是细菌和微小的单细胞生物，其数量超过所有其他的生命形式，甚至一个人身上细菌的数量都比全体人类的数量还多。由于它们比我们自己的细胞要小得多，所以从重量上看，我们大体上还算是人类，但是如果从数量上来看，那我们基本上就不能说是人类了。细菌自地球生命诞生之初就已经存在，并且将会持续存在到地球上的生命完全终结的那一刻，而我们人类远远坚持不到那个时候。鉴于细菌拥有这样的优势，我们认为这种较为简单的生命形式可能是地球以外的环境下最合适的生命模板。但是，尽管我们对细菌心怀崇高的敬意，甚至我们的生存也完全依赖于它们，可我们也不得不承认，这种生命形式相当乏味，尤其是这种生物实在太小了，我们仅凭肉眼根本看不见它们。

真正有趣的是想象体型更大的外星生物可能会以何种形式出现。适当的娱乐是科学研究中不可或缺的环节，在这类天马行空的畅想中，我们可以随心所欲地提出各种想法、实验和推测。说到外星人，许多伟大的科学家都曾研究过地外生命相关的问题，比如提出了"宇宙大爆炸"和"垃圾场的龙卷风"这两个词的弗雷德·霍伊尔，以及DNA双螺旋结构的发现者之一弗朗西斯·克里克。在他们之后，宇宙学家卡尔·萨根、卡罗琳·波尔科（Carolyn Porco）、萨拉·西格（Sara Seager）、尼尔·德格拉斯·泰森（Neil deGrasse Tyson）以及其他许多天文学巨擘都认真考虑过地外生命的问题，同时他们也都承认目前我们还没有掌握直接的证据。

所以，尽情发挥你的想象力吧！把外星生物想得更大、更壮观、更恐怖。想想看进化在地球上创造的这一切，然后将这个思路扩展到整个宇宙中。可能性是无限的[①]！

平平无奇的近距离接触

我们已经认识到，人类并不擅长处理无限的可能性。如果让你想象一个外星人的形象，你的脑海中想必会浮现出以下两种类型之一：

（1）一个"小灰人"——这个词适用于形容许多电影中的人型生物：身材纤细，皮肤光滑，巨大的球状脑袋上长着一双亮晶晶的大眼睛，可能还是赤裸的。

（2）类昆虫外星人——在电影《异形》及其续集《异形2》、

---

① 2020年9月，科学家宣布金星的大气层中存在磷化氢，媒体反应热烈。地球上的磷化氢只会由人类和少数其他生物产生，这种简单的化学物质目前还没有已知的非生物来源。很多人兴奋地猜测，金星的大气层中含有这种物质说明那里存在生命，但我们对此持审慎的态度。金星表面温度非常非常高，看起来一副死气沉沉的模样。那里之所以存在磷化氢，更有可能是因为磷化氢在其他星球上可以通过地质化学的方式产生，而不一定需要生物化学反应，只是我们目前还未了解这种方式罢了。但谁知道这到底是怎么回事呢？我们只知道该问题现在还无法解答。

《异形3》以及其他许多在标题中写有"外星人"（alien）这个单词的电影中就有这样的生物，它们体型与人类相当，长着生殖器般的头颅，血液呈酸性，并且全副武装。

如果你在网上搜索"外星人"的图片，那么你找出的几乎所有图片都会是上述两种之一。当然也有一些例外，比如《E.T.外星人》中有着过熟牛油果色皮肤的外星人形象，以及《玩具总动员》中被蛋头先生与蛋头太太收养的三眼仔，不过这两个例外与前面总结的那两类其实也没有太大区别。

说白了，这不仅说明流行文化对我们的思维产生了很大影响，而且还表明我们严重缺乏想象力。除了诸如比我们多长一只眼睛或是拥有会发光的魔法手指这些夸张之处，我们想象中的外星人其实与人类的形象非常相似，但这种想法其实并没有什么依据。就拿腿来说，我们人类拥有两条腿，小灰人、E.T.外星人、小绿人以及异形同样拥有两条腿。然而从统计数据来看，地球上拥有两条腿的动物其实只是少数：大多数动物拥有6条腿[①]；有一些动物在幼年期拥有几十条腿，而成熟之后则会变成6条[②]；很多动物没有腿[③]；大多数大型动物拥有4条腿；还有一些动物拥有8条腿。诚然，鸟类确实拥有两条腿，但它们主要的运动方式是依

---

① 昆虫。
② 蝴蝶和飞蛾。
③ 蛇、蠕虫、蛞蝓、蜗牛、水母、珊瑚等。

靠前肢（也就是翅膀）。在地球上所有动物中，凭借两条腿运动的基本上就只有我们人类，以及鸵鸟和袋鼠[1]。

有很多理由可以解释为什么双足行走，这有什么好处：我们可以解放双手来做其他的事情；我们可以长距离地奔跑——这对于在非洲大草原上狩猎很有用，人类的大部分进化都是在那里发生的；我们的视线可以越过高处的草，因此能够寻获更加适合进食的东西。但是双足行走也有缺点：我们的背经常会痛；我们不擅长攀爬，因为我们的脚抓不住东西，于是待在树上对我们来说并不安全；此外，为了维持直立的姿态，我们的骨盆已经进化得非常狭窄，这意味着分娩对于人类来说就像在灵魂深处地震一样痛苦[2]。

在地球上出现双足生命的可能性都这么低，更别说宇宙中的其他地方了。我们是地球上的异类，不能指望外星人也同样是外星的异类。

好莱坞似乎还没意识到这一点。我们强烈怀疑，大银幕上那些稀奇古怪的外星人形象取决于电影的预算，而不是科学准确

---

[1] 要指出的是，包括所有的类人猿、穿山甲和斑臭鼬等在内的很多动物会偶尔采用两条腿行走，但我们说的是以双腿行走作为主要的运动形式（我们称之为习惯性双足直立行走）。当然，在遥远的过去，许多恐龙都用两条腿走路，其中还有一种是鳄鱼的双足祖先。谢天谢地，它们现在已经全部灭绝了。

[2] 有些人认为，母亲骨盆比婴儿头骨大不了多少意味着人类婴儿的妊娠期势必要比其他哺乳动物短得多（因此新生儿格外需要照看）。如果妊娠期能长一些的话，也许《异形》中那段著名的早餐剧情就不会显得那么牵强。

性，这些外星人形象极大地影响了我们对外星生命的认知。电影中出现的第一个外星人是1902年乔治·梅里爱执导的《月球旅行记》中的"月球人"，它们的头长得像蜜瓜，拥有龙虾般的爪子，但它们也同样是直立的双足动物，看起来就像是穿着外星人服装的地球人，这主要是因为"它们"确实就是穿着外星人服装的地球人。接着就是《异形》中的外星人，它长得就像怪异的太空蟑螂，但是仍然和穿着戏服的高个子地球人差不多，这是因为（又来了）它确实是一个高个子的地球人穿着戏服扮演的：在《异形》中是身高6英尺10英寸（约2.08米）的演员博拉吉·巴迪乔，在《异形2》中则是身高6英尺2英寸（约1.88米）的演员小汤姆·伍德拉夫。在阿诺德·施瓦辛格出演的《铁血战士》[①]中，外星人"铁血战士"由演员凯文·彼德·豪尔扮演；《外星人》中的E.T.是演员帕特·比隆在身上穿了一层睾丸质感的乳胶；在《皮囊之下》中，斯嘉丽·约翰逊扮演的外星人，其设定是它穿着由斯嘉丽·约翰逊的皮肤制成的衣服。

---

① 该电影还有几部续作：《铁血战士2》、《铁血战士3》、《铁血战士4》，还有两部《异形大战铁血战士》。好莱坞真的得在电影标题上多下功夫了。不过科学家在命名方面倒是做得很不错：巴西卵形蛛科中有一整个属的通用名都是以《铁血战士》中的角色和演职人员命名的，包括铁血战士卵形蛛属施瓦辛格种（*Predatoroonops schwarzenneggeri*）、以凯文·彼得·豪尔命名的铁血战士卵形蛛属彼德豪尔种（*Predatoroonops peterhalli*）、以导演约翰·麦克蒂尔南命名的铁血战士卵形蛛属麦克蒂尔南种（*Predatoroonops mctiernani*）等。

假如真的存在外星人，它们的模样会比20世纪福克斯电影公司的服装部门在演员身上粘上的任何一种道具都要稀奇古怪得多。进化的想象力远比我们丰富，它只受实用性的约束，而不会受限于我们基于哲学的幻想。另外，地球外的进化也不一定会让外星人的体型和我们地球人差不多，这是毫无疑问的。

体型很重要

如果人类的体型与财富成正比，那么你会看到有的人长得比帝国大厦还高。对这些人来说，买裤子实在是一种折磨，尤其是比尔·盖茨和杰夫·贝佐斯，就连地球大气层也只能刚刚高过他们的脚踝[①]。但实际情况是，人类的体型相差不大，我们可以设计出适用于大多数人的汽车和门洞。

在所有已知的动物当中，人类的体型大概居于中间水平。我们比鸽子大得多，但也比河马小得多。与蚂蚁相比，我们无比巨大；与大象相比，我们又极为矮小。如果真的有外星人的话，它们的体型浮动范围也会很大，甚至超出地球大小的范畴。

---

① 美国公民的平均净资产为25万美元。截至我撰写本书时，贝佐斯的身价超过2 000亿美元，大约是平均水平的80万倍。人类的平均身高是1.65米，按照这一比例，贝佐斯的身高将超过1 300千米。卡门线是用于区隔地球和太空的分界线，它的高度大约是100千米。

正如我们所知，一种生命形式的形成需要内部条件和外部条件的共同作用。生命必须从周遭环境中汲取能量才能生存并繁衍，同时还需要不断地发生达尔文式的进化以更好地适应环境。但我们往往关注的是生物本身，而不是身处于不断变化的环境当中的它。进化是生命出现的先决条件，因为环境的变化不会停止，所以所谓"生存"实际上就是"适应"。生命会根据环境的变化，通过进化不断调整自己的体型，直至变成最有利于其生存的尺寸。

地球上有史以来最大的生物并不是恐龙或是其他史前生物，而是至今仍然与我们一同生活在地球上的一种海洋哺乳动物——蓝鲸。这种庞然大物体重高达180吨，身长大约30米，如果用传统的办法，选取一些通用的标准作为指标[①]来衡量的话，它的体重大概相当于一架波音737飞机的重量，身长相当于一个篮球场的长度。

如此巨大的生物需要周遭的环境来支撑其体重。鲸的密度比海水略高，它们如果静止不动，就会沉到海底（这样也好，否则船只每次越洋航行时，都要注意避让像软木塞一样随着海浪上下浮动的鲸的尸体）。鲸可以将空气吸入肺中来改变自身的密度，

---

① 常被用来作为参照标准的物体包括人类头发的粗细、网球、蜜瓜、篮球、小狗、火鸡、大狗、大众甲壳虫汽车、双层巴士、网球场、特定型号的飞机、篮球场、足球场、鲸、威尔士的面积。

从而在水中悬停或是浮上水面，这令它们拥有了能够在大海中遨游的神奇能力，同时自己的身躯也不需要过多地发力。不过并不只是地球才有充满了水的海洋，太阳系中还有其他两个地方拥有这种环境，外星鲸鱼也许可以在那里生存。

  土星的卫星土卫二的直径只有土卫六的1/10，但它比土卫六要明亮得多。从太空中看，它就像一个闪亮的白色雪球，其表面厚实的冰层会将太阳的热量反射出去，以至于其表面温度大约只有-198℃，但是这层冰壳上的构造裂缝表明冰面下存在液态海洋。在地球上，我们脚下的岩石外壳会裂开并喷出地下深处的岩浆，而土卫二上也有类似的景观，那里的冰火山会将冰层下的液体喷射到太空中。2005年，卡西尼号太空探测器在飞掠土卫二时收集了这些喷发物并且分析了它的成分，结果表明那其实是盐水，其中溶有氯化钠、氢、复杂的碳水化合物以及其他一些在地球的海洋中同样存在的化学物质。在土卫二上的间歇泉喷射出的水花中，有一部分会以雪的形式落回其表面，还有一部分则成了土星环的组成物质。

  这意味着，就像我们地球的地壳之下存在液态岩浆一样，土卫二的冰面之下也存在液态海洋，并且和地球上的海洋非常相似。土卫二核心处的某些东西使海洋保持了一定的温度，不至于像表面那样完全冻结，但我们还不知道这些热量源于何处。

  土卫二的海洋中可能充满了生命，海水的密度和地球上的海洋差不多，也许那里会有体型与双层巴士相仿的"土卫二鲸"，其流线型的身躯在土卫二的冰层之下来去自如。

土卫六是目前太阳系中已知除地球之外唯一拥有河流的地方。湖泊在地表留下了坑坑洼洼的痕迹，大气中则富含碳基化学物质——土卫六的这些特征听起来都与地球上的情况非常相似，因此它看起来像是个有条件孕育生命的好地方。土卫六上的液体主要是甲烷和乙烷的混合物，其大气成分主要是氮气，没有氧气，但是含有大量甲烷、乙烷和乙炔，这些气体在地球上的主要用途是焊接金属。有人推测，在土卫六布满汽油①的表面之下可能存在液态水，而这可能是孕育生命的温床。据我们所知，液态水是生命的重要组成部分，这主要是因为它能溶解盐分，而像甲烷和乙烷这样的碳氢化合物作为溶剂远没有水那么好用。不过，这一观点可能也只是因为我们的想象力受限于我们对地球生命的了解。或许这些富含能量的碳氢化合物所在的星球上朝气蓬勃，那里也存在像鲸那么大的生物，它们依靠进食汽油来维持生命。

和土卫二一样，木卫二的冰层之下也存在盐水。木卫二的海洋中包含的水大约比地球海洋中的水多出一倍，甚至可能还存在海底热泉，那可是生命起源的绝妙地点。这些热泉会不会和地球

---

① 汽油的主要成分和甲烷、乙烷同属烷烃类。——译者注

上的海底热泉具有相同的特性？如果是的话，会不会木卫二也在数十亿年前孕育了生命？那里的海洋比地球上的海洋还要广阔，那么是不是能容纳得了比我们的蓝鲸还要大的动物？

向土卫六和木卫二发射探测器的计划正在紧锣密鼓地筹备着。美国国家航空航天局（NASA）设计的蜻蜓号（Dragonfly）就是旨在探测土星卫星的探测器，它有可能会在土卫六满是油污的大气层中发现居住在那里的生物；还有计划将于2025年发射的快帆号（Clipper），它的任务是探测木星的卫星，或许它能在木卫二上发现生命。

既然土卫二、土卫六和木卫二上都存在液体，那我们就有充足的理由相信它们表面可能会存在类似于鲸的生物。地球上的鲸是其生存环境的产物，它们周遭的环境决定了它们的大小和形态。我们能确定这句话的真实性，尤其是对于鲸类而言，因为并不是所有的鲸都像蓝鲸那么大。

不熟悉的家谱

图2-1中的生物是巴基鲸。别看它长着长长的尾巴和带有胡须的鼻子，下腹部垂着毛茸茸的乳头，并且站在干燥的陆地上，它其实是一种鲸。

图 2-1　巴基鲸

至少，巴基鲸是鲸的曾曾祖母。在大约3亿年前，动物们第一次爬出浅滩并征服了陆地，而在大约5 000万年前，这种体型介于大狗和水獭之间，长着四条腿和一条尾巴的动物再次返回海洋。

巴基鲸是以它被发现的地方命名的，即巴基斯坦北部。众所周知，这片区域现在绝对不在水下。然而，在这种诞生于水中、长得像狗的鲸在地球上游荡的时期，地球表面的地质情况与现在有着天壤之别。我们知道，喜马拉雅山的形成就是当时还是一座岛的印度与亚洲大陆缓慢挤压的结果，而巴基鲸活跃的年代正是在这两片大陆还未曾接触之时。巴基鲸习惯在沿海水域游荡，但是随着时光变迁，沧海桑田，它们的遗骸现在已经被埋葬在远离海洋1 000英里（约1 600千米）的地方。

为什么一种陆生动物会变成海洋动物，从而发展出了一类全新的水生哺乳动物？我们很难得出确定的答案，也许是巴基鲸发现潜入水中更容易从捕食者的手中逃脱，也许是浅滩中美味的鱼群对它们很有诱惑力。无论如何，现在的鲸类仍然保留着它们曾经在陆地上养成的习惯：它们呼吸的方式、身上的毛发（出生时带有毛发，但是很快就会全部脱落）、胎生的生产方式（而不是卵生）、用乳汁喂养幼崽（鲸乳的质地更像是厚厚的奶油酱，而不是那种半脱脂牛奶，其脂肪含量高达50%）。

进入水中后，鲸的后代的体型激增到巴基鲸的30倍。咸咸的海水使它们拥有了巨大的骨架，但是并没有提供多少线索来说明为什么鲸需要这么大的体型。

鲸的巨大体型可能部分是为了保暖：海水很冷，而水的导热性比空气更好，因此水生动物的体温会比陆生动物下降得更快。巴基鲸的后代进化为完全水生的时候，都长出了厚厚的鲸脂，以降低自己在海洋中损失热量的速度。体型越大，热量就流失得越慢，巨大的体型令鲸类得以高效地调节自己的体温。

这是一条很有说服力的论据，但抵御热量流失肯定不是蓝鲸体型如此庞大的唯一原因。海豹也有脂肪，它们也在相同的水生环境中成长繁衍，但却保持着（相对）较小的体型。

我们在提到进化的时候总喜欢提到一句话，这句话并不是来自科学史上的某位伟大人物，而是一位美国总统——西奥多·罗斯福，他说："在你所处的位置，用你所有的资源，做你力所能及的事。"罗斯福在说这句话的时候并没有提及达尔文，但他简明扼要地阐述了一个事实，即生物的进化发生在某一环境下，并竭尽全力地让生物能够在这种环境中生存下来。关于鲸类为什么会这么大的问题，我们不仅能在热量流失的原理中找到线索，还能从鲸类的位置和去向入手顺藤摸瓜——在这一点上，我们得到的第一条线索并非来源于鲸类，而来自一种狡猾的搭便车的小东西。

甲壳纲动物成长史

藤壶天生就是一种四处游动，试图找个地方安顿下来的小动物。幼小的藤壶一旦找到一片满意的地方，就会用自己的前额把自己粘在上面，然后在周围形成一层坚硬的外壳，在那里度过余生。大多数情况下，它们会在海边的岩石上找到一个永久的家，但有些藤壶会附着在鲸的皮肤上，跟着这些巨大的坐骑一起在海洋中纵情遨游。[1]

很多种现代鲸类都会随着季节的变化而长途跋涉，它们夏季在北太平洋以磷虾及其他海洋生物为食，积累起大量的脂肪能量储备，然后在冬季向南行进数千英里，带着身上的藤壶一起抵达温暖的海域。

在这些迁徙的过程中，幼小的藤壶会不断地成长，它们通

---

[1] 两只静止不动的藤壶之间总会相隔一段距离，可想而知，它们想要完成交配会相当困难。然而，大自然总能找到办法，结果就是藤壶发展出了非常长的阴茎，其长度可达自己身长的8倍。

第 2 章　生命、宇宙以及一切　　037

过吸收海水中的矿物质逐渐扩大自己的硬壳。但是不同位置的海水成分存在微妙的区别，南太平洋氧分子的分布与北太平洋的情况截然不同，这意味着海水本身可以视作海洋的指纹。藤壶会将沿途的海水吸收到自己的硬壳中，这意味着藤壶充当了护照的角色，身上印有全部所到之处的印戳，科学家只需要仔细分析这些搭了顺风车的藤壶的硬壳，就能了解鲸的整个旅途。

2019年，一组生物学家想到，可以在数百万年前从鲸的腹部脱落的贝类化石上应用同样的技术。他们在藤壶的硬壳中发现，在进化过程中，鲸在不断变大的同时进行了相当长距离的迁徙。

这可行，但只是一个理论——很遗憾，我们无法回到过去，用实验来检测鲸类的进化。科学家的想法是：鲸类夏季在北方吃下的大量磷虾会转化为它们冬季向南迁移到温暖水域的燃料，而对于如此漫长的旅程来说，只有体型足够大才能携带足够的燃料。这样看来，海洋之王的大小和形状似乎是由海洋决定的。

大型动物的日子不好过

体型大是有代价的：体型大的动物也许可以吃得更多、走得更远，更好地保存热量，但它们也需要更多的燃料来维持身体运转。在陆地上，热量流失并不是什么大问题，而且这里也没有浮力来帮助动物对抗自己的体重，因此体型过大有很多缺点。没有陆生动物能达到蓝鲸的体型，这是有原因的。只有一种恐龙曾经接近过这个大小，那是真正的恐龙巨兽：乌因库尔阿根廷龙（*Argentinosaurus huinculensis*）。

1993年，我们在阿根廷发现了阿根廷龙的化石，这种恐龙重达100吨（大约是一架波音757的重量），从头到尾大约40米长（大约相当于一个足球场的宽度），比蓝鲸略大一些，但这个比较对蓝鲸来说不太公平，因为阿根廷龙多出来的长度大多是细长的脖子和尾巴。

巨大的体型使得阿根廷龙的行动缓慢得令人发指——据生物物理学家推测，阿根廷龙全速奔跑时的最大速度约为5英里（约8千米）每小时，这和我们在公园中散步的速度差不多。虽然能用于深入研究的化石很少，但是就目前的情况来看，它们的脖子实在太长了，因此里面一定布满了肺囊。长颈鹿的脖子也具备这样的特征，它们唯有依靠这种生理结构才能吸入足够的新鲜空气到肺部。我们还发现了阿根廷龙的大腿骨化石，其长度约为5英尺（约1.5米），周长约为4英尺（约1.2米），只有如此粗壮的肢体才能支撑它们的体重。大型动物的日子不好过，它们需要极强的身体适应性才能在陆地上生存。

鉴于地球引力的限制，阿根廷龙可能是地球上的动物所能达到的最大体型了。如果在宇宙中的其他地方也有这么大的动物，那么它们应当也有足够强大的生理构造来支撑自己的身体，比如用于承载巨大体重的腿骨,而且它们会与科幻小说中那些缺乏想象力的胡乱描述完全不同。你不能单纯地按比例放大一个地球上的昆虫,让它在体型巨大的同时还拥有细长的腿和球状的身躯。巨型蜘蛛可能会吓到你,但是这种生物不可能存在。这个结论或许能令人安心,但也不好说:另一个行星上的进化可能会创造出一些更可怕的东西,哪怕这些东西和我们熟悉的事物一点儿也不像,它们也足够令人恐惧的了。

蜘蛛侠、蚁人和人

对动物世界保持敬畏是对的,动物的很多壮举的确令人印象深刻。然而,有时候在写到动物令人印象深刻的行为时,人们可能会落入不恰当类比的陷阱中。以下是摘自一个受大众喜爱的动物网站的范例:

> 渺小的切叶蚁可以用它们的下颚抬起自身体重50倍(约500克)的东西,这相当于人类用牙齿抬起一辆卡车。

毫无疑问,这句话的前半句是正确的。长久以来,我们一直能观察到蚂蚁搬运着树叶、死鸟和各种其他的昆虫和物体,这些东西的重量显然远大于蚂蚁自身的体重。事实上有一些证据表明，蚂蚁可能比这个网站引用的数据所表明的还要强壮。例如，美国野外一些蚂蚁的脖子可以承受大约自身体重5 000倍的力量（参见下面特别板块的内容），人类的脖子可做不到这一点。

> **蚂蚁的脖子有多强壮？**
>
> 要怎么测量蚂蚁的脖子有多强壮呢？是依靠巧妙的测量设备，还是基于我们在生物力学、蚂蚁解剖学和物理学上的深厚造诣所进行的复杂运算？可惜，都不是。科学家是通过实验得出的结论，但是很抱歉，这个实验对蚂蚁来说并不是很友好。
>
> 2014年，俄亥俄州立大学的研究人员将一些阿勒格尼沙丘蚁（一种在美国的野外很常见的蚂蚁）的头部粘在一个圆盘外面。然后，他们使用一台精心校准的离心机旋转圆盘，测量了将蚂蚁的身体和头部分离需要多大的力。该项目的首席科学家在接受采访时承认："这可能听起来有些残忍。"然后他又小心地补充道："但是，我们事先给它们施加了麻醉。"

当然，我们很喜欢将其他动物与我们自己进行比较，这样可以让人直观地感受到这些动物的能力，比如："假如跳蚤有人这么大，那么它就能跳到帝国大厦40层那么高。"哪怕最严肃的学术期刊也无法免俗，例如《科学》杂志上的这篇文章：

第2章 生命、宇宙以及一切　041

一只屎壳郎能够拉动重量为自身体重1 141倍的东西——这相当于一个体重70千克的人能够提起加在一起重达80吨的6辆双层巴士。

从这些描述中很容易得出这样的结论：昆虫是地球上最强壮的生物。而我们的任务就是矫正这种看上去完全合理，但实际上错漏百出的假设。

在日常生活中，你有时候的确能将一些东西按比例放大或缩小。花两倍的钱去买糖果，你就能得到两倍数量的糖果，这是合理的。如果一条路两侧的房子大小相同的话，那么当你在这条路上走出两倍的距离，你所经过的房子的数量也会变成原来的两倍。如果将一本科普书中举出的例子数量增加到原来的三倍，那么这本书的字数也会变成原来的三倍。

但是在大多数情况下，按比例放大或缩小并不意味着你可以用这种简单的算术来计算出结果的变化。

涉及动物体型的改变时，情况则会变得尤为不同，我们有充足的理由论证这一点。改变体型意味着我们要对3个维度（长、宽、高）上的数据同时做出改变。然而，当谈及力量大小时，最重要的因素其实是肌肉的横截面面积，而这一数据只会在2个维度上发生变化。当道恩·强森在健身房里举铁的时候，他强健的二头肌并不会变长（那样就太荒谬了），而是变得又宽又厚。力量的大小体现在二维层面,而不是三维。

上述内容说明,如果你想将一只昆虫的重量按比例放大1 000(也就是每个维度都放大10倍,结果就是10^3倍的话,它的力量可能只放大了100(10^2)倍。

蚂蚁不是克服了自身小小的体型而举起了这么重的物体,而是正因为体型这么小才能举起这么重的物体。一只体重仅为5毫克的蚂蚁可以携带一片重约250毫克的树叶,但如果把它放大到一个标准成年男性的大小,它甚至都无法举起15千克重的东西,而这远远低于它放大后的体重。它的腿完全无法支持自己站立起来。事实上,这些放大后的蚂蚁几乎无法抬起头来直视我们的眼睛,它们只能承认,我们人类具备更加优越的生理结构。

对不起,好莱坞,这就是为什么你不能简单粗暴地直接按比例放大一只大猩猩来塑造金刚的形象,或是按比例放大某种奇怪的生物来塑造哥斯拉。这也是为什么我们不可能在其他类地行星上找到像阿根廷龙那么大的老鼠或龙虾。它们都需要更粗壮的四肢和更胖的身躯才能支撑如此巨大的体型带来的重量。

外星人能跳多高?

并非一切因素都会随着体型大小而变化。无论生物变得多大或多小,有些东西都基本保持不变,这意味着我们很有可能在外星生命形式中找到类似的属性。举个可能有些令人惊讶的例子，动物能跳起的高度就是基本不变的。

我们默认纳入讨论的生物是有腿的，那么简单来说，将这些生物弹射到空中所需的能量会随它们体重的增加而增加。但是生物为了具备足够跳跃的能量，其肌肉量也会增加。弹射所需的能量和可用于弹射的能量这两个条件同步变化，使得一个生物能够跳起的高度基本不变。

你可能认为人类跳起的高度远高于昆虫，毕竟我们比它们高大得多，但从质心移动的距离来看，事实并非如此，正如图2-2所示，尽管这看上去有些违反直觉。我们能跳得比跳蚤高一些，

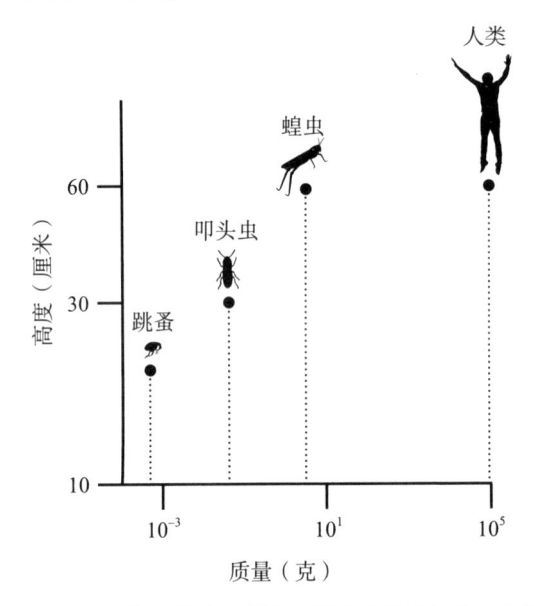

图 2-2　假如跳蚤长得像人一样大，那么它能跳起的高度将会……
　　　　只有一个跳蚤那么高

但是和蝗虫差不多。考虑到跳蚤的体型实在太小，它们受空气阻力的影响也比图中其他生物大得多。如果让一只跳蚤在真空中起跳的话，它大概能跳60厘米高——和人类一样。不过它在真空中是无法生存的。

蚁人能呼吸吗？

这些有关比例的法则在其他方面也适用，而好莱坞在这些方面似乎也不太遵循事实，尤其是在经典漫改银幕超级英雄形象蚁人的身上。

蚁人的故事很简单。当一个人穿上一套特殊的衣服之后[①]，他会被缩小成蚂蚁那么大（这应该不算是剧透吧？）。在身体缩小之后，蚁人会拥有超人的力量以及指挥蚂蚁大军的能力。[②]

到目前为止还没出什么错。若把人缩小到蚂蚁那么大，那么他确实能够举起很多倍于自己体重的东西。至于能否通

---

① 亚当是一个漫画迷，他反复地强调这可不是什么普通人，而是亨利·汉克·皮姆博士。珍妮特·皮姆（从夫姓前姓范戴恩）也有一套类似的衣服，但她拥有翅膀，所以成了黄蜂女。后来，皮姆把这套衣服交给了改过自新的罪犯斯科特·朗和埃里克·奥格雷迪，不过你可能已经不会有兴趣读完这条脚注了。
② 汉克·皮姆的技术也能将他变大成巨人，但是如果这样的话，他的腿应该变得更粗一点儿才对，这一观点我之前在说金刚的时候就提过了。谨记这一点，漫画书不是科学教科书。

第 2 章　生命、宇宙以及一切

过心灵感应来指挥蚂蚁大军,这一点我们还不确定,倒是可以对此睁一只眼闭一只眼。但是有一个问题是完全不能放过的,这就是我们[①]对科学的严谨态度战胜了我们[②]对漫画的狂热坚持的地方。缩小一个人的肺之后,你所需要的氧气量并不会按同样的比例减少,因此肺本身就失去了所有的效率和能力。小尺度的肺起不到任何作用。

我们并不是唯一指出这个问题的人。一篇发表于 2018 年的题为《蚁人和黄蜂女——微尺度呼吸和微流体技术》的科学论文详细研究了这种现象。作者在文中总结道,由于微尺度下的身体能够吸入的空气体积非常小,因此蚁人和黄蜂女在现实中会遭受严重缺氧的威胁,大约相当于一直待在珠穆朗玛峰的死亡地带。有趣的是,好莱坞的制片人好像跳过了蚁人承受头痛、头晕、肺部和脑部积液以及昏迷不醒的场景。

---

① 指汉娜。
② 指亚当。

因人而异的管道

还有另外一种更有趣的不随体型大小而变化的例子,我们通常称之为"排尿的普遍规律"。

2014年,一个科学家团队发表了一篇论文,该文章解决了一个几乎没有人提出过的问题。他们的切入点是"针对体重横跨5个数量级的动物,阐明这些动物的排尿流体力学"。或者用更通俗的话说:他们观看了大量动物排尿的视频,并记录了排尿所需的时间。

这个研究团队发现,对所有哺乳动物而言,无论膀胱的大小如何,排尿的时间都大致相同。像大象这样的大型动物会排出更多尿液,但它们尿道更长,尿液流速也更快,毕竟尿液受重力的影响也更大(想象一下消防水管冲水的场景)。至于老鼠和蝙蝠这种很小的动物,它们需要对抗尿液的黏度和表面张力,这意味着它们每次只能排出一滴尿。这些因素相互制约,最终导致所有哺乳动物排空膀胱的时间都是21秒左右[1]。下次你去厕所的时候可以自己掐表试试。

---

[1] 误差大约是正负13秒。

死亡、骨折或是血肉模糊

体型并不是颜色或纹理这种简单的属性,它不是可以随意调整的参数。万物的大小都是由其需求决定的。

这就是为什么你在北极地区找不到老鼠，而北极熊和海象却能在冰天雪地中游刃有余地生存繁衍。如果将一个生物缩小，那么它的表面积和体积之比将使其无法调节自己的体温。

这也是昆虫受重力影响相对较小的原因。对于较小的生物来说，它们身体单位质量对应的表面积更大，所以只要你足够小，那么你的身体就会像降落伞一样运动。从理论上讲，你可以把一只老鼠从飞机上扔下去（但是请不要这么做），只要它能够软着陆，你就会看到它最终毫发无损地逃走。事实上，活跃于20世纪的生物学家J. B. S. 霍尔丹（J. B. S. Haldane）就在一个思想实验中考虑过这个问题，不过这个实验并没有用到飞机，而是把动物扔到井里（我们假定，同时也希望这个实验只停留在思想层面）。他的结论是，小鼠会跑开，但是"大鼠会死去，人会骨折，马会血肉模糊"。

这也是长颈鹿和蜥脚类动物的脖子里需要长肺囊的原因。昆虫可以通过身体表面的渗透作用来吸收氧气，但是大小每增加10倍，你就需要1 000倍的氧气来为细胞提供燃料，而吸收氧气的表面积却只增加了100倍。肺和鳃是自然界中的动物用于增加吸氧表面积的方式，人体胸腔内的肺就有大约180平方米的表面积。如果将人按比例放大到梁龙的大小，那么肺的表面积哪怕多一平方毫米也是我们求之不得的。用霍尔丹的话来说就是："高级动物并不是因为比低级动物更加复杂才更大，它们是因为更大才更加复杂。"

这就是体型过大带来的问题：物理规律没有讨价还价的余地。进化已经倾尽所能找出所有可行的应变方式，但总有极限。所有支撑生物直立行走的循环系统——血液循环、氧气循环、神经冲动等，在生物大到一定程度后都会变得异常艰难。这让科学家得以确信，阿根廷龙和蓝鲸的体型已经接近地球生物的上限。动物的体型与重力的对抗是徒劳的，因为重力永远会笑到最后。

在一个更小或更轻的行星上，重力也会更小，如果我们去那里生活的话，就可以把霍尔丹的话抛诸脑后了。如果身体不需要承受那么大的重力，腿就不需要那么粗。在这样的非类地行星上，昆虫可能会长着细长的腿，比地球上的昆虫高得多，奶牛会长得更像长颈鹿，长颈鹿则长得像萨尔瓦多·达利画中的东西。树木会长到数百米高，像摩天大楼一样高耸入云。

然而，这些树木一定与地球上的植物截然不同。重力较弱意味着土壤无法有效排水，植物的根系将会很容易被水淹没。事实上，这是国际空间站里的园艺大师在低轨道微重力环境下种植中国莴苣、百日菊和小花园里其他植物时发现的。

在微重力环境下做任何事情都很棘手，但种植物尤其困难。在过去的20亿年中，地球上的植物进化成了在土壤中生长的物种，可是土壤比较易碎，因此会在太空舱中四处飘荡。松散的物质在太空舱中飘荡是很危险的,因此国际空间站上的种子会被种植在一种类似于一次性尿布填充物的凝胶中。凝胶会保持湿润,但不会像湿润的土壤那样浸透植物的根系。

因此,也许外星植物都被种植在由纸尿裤围住的堆肥当中(尽管这听起来不太可能),或者也有可能是植物需要主动把液体吸收到藤蔓中。一切皆有可能。

为了测试植物对外星环境的适应能力,中国的月球探测器嫦娥四号携带了一个小型植物园,于2019年1月3日在月球南极附近着陆。在这个18厘米长的圆柱体中有土豆的种子、一些拟南芥(这是一种饱受植物学家喜爱的十字花科植物)的样本以及油菜(我们在地球上种植这种植物是为了榨油)的种子,不过把它们带上月球的目的并不是做土豆沙拉。这里面还有一些果蝇卵和酵母,科学家旨在测试这种微型生态系统能否繁荣发展——果蝇呼出的二氧化碳能够滋养植物,进而产生氧气,而酵母则有助于调节气体成分。我们很期待这个实验的结果,可能谜底要等到未来几年人类重返月球并打开这个微型生态馆的盖子之后才能揭晓。我们预测有可能会出现以下3种情况:(1)这里生机勃勃,所有生物都活了下来,这将开启空间植物学的新纪元;(2)由于存在太空辐射,并且月球的重力和地球相去甚远,这里的所有生物全都死去了,只留下一堆臭不可闻的垃圾;(3)这些生物以科幻小说中某种不可思议的方式进行了杂交,创造出了变种的苍蝇-土豆杂交体,一心想要毁灭人类。一起来猜猜看到底会怎么样吧。

维多利亚时代的太空园丁

国际空间站自 1998 年建成以来就一直有人类值守,至今已有超过 230 人到访过那里。人造卫星这一概念第一次出现是在一部小说当中。1869 年,爱德华·埃弗里特·黑尔（Edward Everett Hale）在科幻小说《砖月》（*Brick Moon*）中描绘了一个直径 200 英尺（约 60 米）的空心砖球,它从一个巨大的斜坡上滚下来,进入了一对飞轮中,随后被抛入近地轨道。这个空心砖球的功能本来是作为一种固定在太空中的导航信标,可以发挥和北极星一样的作用。可惜的是,它在建造过程中意外从地基上滑了下来并提前发射升空,同时还带走了住在里面的 40 户人家。

> 但是就像《火星救援》中的马克·沃特尼一样,这些意外升空的宇航员通过培育土壤、种植作物存活下来并且得以繁衍。他们在一起聚会、狂欢,通过在巨大的棕榈树间跳来跳去的方式编写摩斯电码并以此互相通信,假如他们想切换季节,他们就可以直接通过步行将夏季变成冬季。说实在的,这种生活听起来就像在天堂一样。

我们想要相信

于是我们又回到了起点。猜测地球之外的生命样貌很有趣,但是我们会在两个方面受到巨大的限制:(1)地球上的生命五花八门、振奋人心、无与伦比,但地球只是我们迄今为止所知的唯一存在生命的地方;(2)进化的可能性远远超出我们的想象力。我们很难想象除了地球上的生命之外还有可能存在什么样的生命形式,尤其是在具有误导性的外星人形象在我们的小说中经久不衰的情况下。宇宙的其他地方存在生命吗?我们不知道。如果有的话,也许它们距离我们太远了,我们根本找不到;如果没有,那么地球就是宇宙中最珍贵的宝物,我们应该加倍努力来保护它。

我们倾向于认为宇宙中到处都是生命,否则就白白浪费了如此广阔的宇宙。不过，也有些事情是我们可以以相当大的把握推定的，这是科学推测，而不是胡乱猜测。

生命大多都很小，毕竟大体型生物的日子不好过嘛。如果外星生命的体型比较大（这里是指比细菌要大），那么它们很可能会具备感光能力。拥有视觉（哪怕只有一丁点儿）对寻找食物和避免被吃掉都极有帮助。如果你能看得见，那么色觉就会赋予你额外的可能性，从而使你的生活真正多彩。它们会有内脏——一种吸收食物从而有效提取营养的方式。如果环境很冷，它们可能会是圆的。如果它们生活在液态环境中，那么它们很可能会长成鱼雷的形状，身上还会长有尾巴或是其他用于推进的结构。当巴基鲸还在浅滩中摸索的时候，鲨鱼早已进化成了今天我们所看到的模样；但是在回到海洋之后，鲸类也逐渐变成了和鲨鱼类似的样子，因为这是在海洋中最有用的体型。如果外星生物会飞，那么它们就会像鸟、翼龙和蝙蝠一样长出翅膀，虽然这几种动物进化出来的时间相隔数亿年；如果外星生物生活在陆地上，那么它们就要有腿，也许会长出6条腿，甚至更多条，或者也可能没有腿。

或者有可能上述推测全部错误，但它们的排尿时间一定是21秒。

生命的进化总是发生在某一环境下，一种有机体的形成离不开发生在它周围的偶发性宇宙事件。对我们来说如此，对其他任何生物来说亦如此。

假如我们将人类的进化全部推倒重来,并且把进化的起点从非洲的森林和平原转移到犬牙差互的岩石上,或是长满100英尺（约30米）高的藤蔓的沼泽中,那么我们会不会进化出更加擅长攀爬的脚,甚至保留我们的尾巴?沼泽中的我们会不会为了更好地涉水而长出有蹼的脚?会不会为了增加浮力而长出中空的骨头?这些问题是无法回答的。我们之所以是现在的我们,与地球上的气候和地貌是分不开的。

"地球上的生命"这6个字扣人心弦,发人深省,这时时刻刻提醒着我们,人类只是地球上的生命这部巨大族谱上一条小小的分支。这部族谱跨越了40亿年,经历了6次大灭绝事件,上面写满了数不胜数的生物种类。

但是"地球上"这几个字很容易被忽视。地球不仅给生命提供了栖息之所,而且塑造了生命。生命之所以存在是因为地球,因为地球的形状、地球的尺寸、地球的引力、地球与太阳的距离。我们会半开玩笑地思考有关外星人的问题,一方面是因为这很有趣,另一方面也因为宇宙中是否存在地外生命是一个很重要的问题。但我们之所以对地外生命念念不忘,最本质的原因是这能让我们明白自己的处境,以及在我们地球这块珍贵的大石头上所发生的进化。说我们是"地球上的生命"不够准确,应该是"与地球共存的生命"。

第 3 章

正　圆

弗里茨·茨维基（Fritz Zwicky）因两件事而闻名，一是在20世纪30年代，他在宇宙学领域针对引力、大爆炸、暗物质和中子星做出的开创性研究；二是他的脾气实在差得很。茨维基除了研究宏伟的宇宙物理学课题外，还给他不喜欢的同事起了个侮辱性的外号——"球形浑蛋"，因为他觉得这帮人无论从哪个角度看都是浑蛋。

球体会有各种各样的大小，但是形状不会发生改变。无论你如何将它们转来转去，球体都不会发生本质的变化。无论从哪个方向观察，它们都是一样的，这就是为什么圆的周长和直径之比总是恒定的——这个比值就是圆周率π。这似乎是显而易见的结论，但是本书的两位作者之一（猜猜看是哪一位？）直到成年后才认识到这一点。

宇宙中到处都是球体：行星、气泡、足球、烦人的同事，比比皆是。然而别忘了本书的主旨，很多你以为自己了解的东西，其实只是表象罢了。球体和圆很大程度上只是一个数学幻想，为了探其究竟，我们将不得不去探索地球上以及地球外的一切，通过牛顿、爱因斯坦、太空乌贼以及巨大的乳头，将原子的结构到时空本身的结构一网打尽。

四维空间中的球体是什么样？

然而在启程之前，我们得先了解四维球体的一些令人费解的怪异现象，这对思考关于球体的问题来说很有必要。

你的本能反应可能是尝试着想象出一个四维的球是什么样，但请压抑住这股冲动。想象四维空间中的物体是什么样的首要原则就是不要想象它在四维空间中的样子。现实中的我们被完全束缚在三维空间当中，无法逃脱，因此无论你多么努力地强迫自己的大脑看到认知之外的东西，最终都只会以失败而告终，有可能还会相当困惑。

虽然你无法在脑海中描绘出它的样子，但我仍然能在很大程度上描述四维空间中的形状。我可以告诉你们一个诀窍，那就是仔细观察物体从二维转移到三维的过程中发生了什么，然后在从三维到四维的转换中应用同样的原理。

我们从较为简单的二维入手，二维空间中的球是一个圆。事实上，数学家往往不会将它们称为圆，而是"一维球面"，我们通常所说的普通球体则是二维球面。将圆变成球以及将球变成圆都很容易：不断堆叠无数个圆就能形成一个球，只要遵循先逐渐变大再逐渐变小的规律即可（有点儿像用乐高积木搭出一个球，或者是用像素堆出一个吃豆人）；你也可以把球一层一层切开成薄片，这样就能得到无数个圆。

圆是三维球体的二维切片——这就是想象四维空间的关键思路。

切片的思路也是3D打印机的工作原理，这种机器正是通过一层一层向上叠加得到三维模型的——每叠加完一层，机械臂就会向上移动，继续叠加下一层。

现在想象一下你是一只渺小的二维生物（就像一只非常扁平的蚂蚁），坐在3D打印机的机械臂上。你无法抬头或是低头（因为你太扁了），你只能看到打印机在往某个对象上一层一层地添加材料，其中每一层都非常薄，几乎可以视为二维平面。

如果3D打印机从零开始打印一个球体，那么蚂蚁般的你就会发现叠加的每一层都是一个圆。[1]一开始的圆很小，因为这时

---

[1] 严格来讲，如果蚂蚁被固定在某一位置，那么它只能看到面前不断喷出弯曲的线条。二维物体无法完整地看到与其同一平面的圆。在三维空间中也是一样的，当你看着一个球的时候，你真的能看到一个三维的球体吗？还是说你看到的其实只是一个圆，而你通过经验判断它确实是一个球？

打印机正在打印球的底部；圆会逐渐变大，直到抵达球心高度时达到最大，之后又随着渐渐靠近顶部而逐步变小。每当打印出来一个新的圆之后，机械臂就会向上移动，继续打印下一层，这样之前的圆就会从你的视野中消失。

这就是从二维到三维的过程：大小逐渐变化的圆在你的面前不断出现，又不断消失。因此，我们没有理由不认为，从三维到四维的过程一定也是一样的，也就是将所有东西都增加一个维度。这就意味着我们得认可这样一个奇怪的想法：三维球体是四维球体的三维切片。

现在想象一下你是一个三维的生物（这应该没有什么难度）。但下一步就难了：你得想象自己站在一个4D打印机里目睹4D球的制作过程，那会是什么样呢？

首先，你无法看到完整的打印机——你只能看到它的3D切片。就像蚂蚁无法抬头或是低头一样，4D打印机里同样有一个你想象之外的维度，你无法进入这一维度，甚至意识不到它的存在。

在打印机开始运行之后，你首先会看到它打印出了一个非常小的完美球体，紧接着这个球体就会立马不知所终——它消失在了第四个维度中。还没等你想明白这个球体去哪儿了，机械臂就已经爬升到了第二层，开始打印下一个稍微大一些的正球体。片刻之后，这个球体再一次"噗"地一下消失不见。

一层接着一层，球越来越大，而每个球在制作完毕之后都会依次消失。而到你抵达4D球心的高度后，打印出来的球开始逐渐变小。你所见过的每一层（也就是那些3D球）在你看不见的维度上黏合到一起，形成了一个你小小的3D大脑无法想象的形状。

即便你看不到刚刚打印出来的这个4D球，你也可以凭借聪明才智想出它所具备的一些特性。我们可以尝试着把它画出来。在一个坐标系中，圆心的坐标是（0，0），球心的坐标是（0，0，0），而4D球心的坐标则是（0，0，0，0）。

或者也可以从它的影子入手。如果你举起一支手电筒从上往下照射一个物体，那么在地面上产生的影子就是该物体的平面投影。换句话说，球的投影就是圆。一个物体投射的影子就是它在更低维度上的样子。

注意，这意味着三维球面投射出的影子就是一个球体。如果刚刚那个4D打印机制作的4D球在另外一个维度中位于我们这个世界的上方，那么它就会投射出一个三维正球体形状的影子，在我们的眼中，这是一个漂浮的黑暗之球。

这种事情听起来好像是无稽之谈，但现实有时候比小说还要离奇。许多物理学家都认为，我们所生活的世界并不只有三个维度，而是多达26个维度——这是一个充斥着高维球体和球状阴影的宇宙。

第3章　正　圆　059

正圆存在吗？

茨维基骂的那句"球形浑蛋"成立的前提是存在完美的圆，因为只有正圆的东西才有可能无论从哪个角度看都是一样的。大多数圆溜溜的东西都能满足其设计目的，比如车轮、唱片、足球（2009年，耐克确实声称它们设计出了史上最圆的球）。但我们追求的是精确，上述这些东西实际上只是接近圆形。

如果想要找出正圆形状的物体，那么最有希望的候选者无非就是雨滴、气泡、涟漪、彩虹，这都是我们非常喜欢的东西。它们都很接近目标，但经过仔细的检查，我们就会发现它们都不合格。雨滴和气泡都是由于表面张力的作用才会趋近于球形。表面张力是一种在雨滴和气泡内部寻求最低能量状态的力，它通过抹平物体表面的凸起以及撑开内部的凹陷来达成目的。但在现实中，二者都会受到风的冲击和重力的扭曲，所以永远不可能形成完美球形。水中的涟漪也同样逃不过环境的干扰。彩虹似乎表现更加优异——尤其是那种最罕见的环形彩虹，如果条件合适的话，你可以幸运地透过飞机舷窗看到它。不过，彩虹并不是一种"物体"，而是由大量水分子折射太阳光产生的幻象。

那么在生物的世界中呢？在自然界，把自己变成圆滚滚的样子似乎是个好主意，因为我们刚刚提到，这是能量最低的状态。生存需要能量，你需要的能量越少就越容易存活下去。刺猬、犰狳和鼠妇（美国人给它们起了个可爱的名字叫"药丸虫"）在受到威胁时都会蜷缩成一团，从而将身上可遭受攻击的表面积降至最小。所以，也许生物是我们寻找正球形的绝佳对象，因为它们会不断寻求最简单的方式来生存下去。

我们很多人都是在学校里第一次亲眼见到生物身上的圆形。我们得到一台显微镜，老师让我们用它来观察树叶，特别是要寻找树叶背面的小圆孔，那是树叶用来呼吸的地方。和生物学中的许多概念一样，这些小孔也有希腊语或是拉丁语名，一部分原因是科学描述的需要，但主要可能是因为希腊语和拉丁语听起来比英语要聪明很多。证据1：这些孔叫作"气孔"（stomata），在希腊语中是"嘴巴"的意思。[1]这些气孔乍看之下相当圆，但是仔细观察就会发现其实并非如此：它们会像嘴巴一样张开和闭合，并且相对圆形来说更像是椭圆形。

至于细胞，在人类体内卵子是最大的细胞，可能也是最圆的[2]，可是我们几乎无法确定它有多圆，因为我们只能在显微镜的视野下看到一些二维的、凝胶状的囊；它们实在太小了，我们很难把它们拿起来观察其三维结构，或是评估它们有多圆。实际

---

[1] 如果这还不够，那我们就向你出示证据2：你的头骨底部有一个孔，你的脊椎和头骨正是在这里相连。这个孔叫作枕骨大孔（foramen magnum），在拉丁语中是"大洞"的意思。举证完毕。

[2] 精子则荣获人类体内最小的细胞这一称号。

第 3 章 正 圆　　061

上，卵子的形状离圆还差得远。

哪怕卵子一开始差不多是球形，这种形状也不会保持太久。精子会用头撞破卵子周围的"电子栅栏"，成功入侵到卵子内部，二者结合之后会逐渐发育成人。在小鼠的身上（我们还不知道在人类身上是否也如此），精子进入卵子的位置决定了哪些细胞会成为胎盘，哪些细胞会成为小老鼠，以及哪一端是头，哪一端是尾。

如果细胞不是球形的，那么器官呢？比如，眼睛似乎就是一个希望很大的候选者，但是它的前半部分——角膜、虹膜和晶状体所在的位置——让它失去了竞争力，我们正是靠这一部位完成聚焦。眼睛的形状似乎也会根据其主人所处的环境发生改变。在太空中，眼球会被扭曲成远非球形的形状，但我们还没有探明其原因。所有宇航员在返回地球之后都需要戴至少几个月的眼镜，因为他们的眼睛被拉长了，所以此时晶状体产生的焦点位于视网膜的前面，这会导致他们近视。大多数宇航员都能恢复到20∶20的视力[1]，但有些不能。道格·惠洛克（Doug Wheelock）曾搭乘过发现号航天飞机、国际空间站、联盟号宇宙飞船，在太空中度过了178天。他在回到地球之后未能恢复正常视力，因此NASA停止了他的飞行任务，现在他再也摘不掉眼镜了。顺带一

---

[1] 指能看清"正常人"在20英尺（约6米）外能够看清的物体，相当于我们常说的1.0视力。——译者注

提，他的外号是"小轮儿"（Wheels）。

我们在生物的身上不可能找得到正圆。生物有太多的特性，太多微妙的复杂之处，它们永远无法形成正圆的形状。

那个拒绝了100万的数学家

美国克莱数学研究所在2000年向全世界提出了挑战，它公布了数学领域中尚未被解决的一系列最难、最重要的问题，被称为"千禧年问题"。清单上一共有7个问题，克莱研究所为每个问题都悬赏100万美元征求解答。

这些都是最高难度的数学问题，它们远远比你在中学甚至大学遇到过的那些难题棘手多了。本书的作者之一在攻读博士学位期间一直都在研究克莱千禧年问题中的某一个方程，而且她直到如今也才刚刚理解这个问题。说它们难得离谱，已经是非常温和的形容了。

事实上，由于这些问题实在太难，因此到目前为止只有一个问题得到了解答，这是一个关于四维空间中球体的问题。

这个问题就是庞加莱猜想，它来自数学中一个叫作几何拓扑学的分支，该分支中的一部分本质上是让数学家想象，如果所有东西都是由橡皮泥制成的会怎么样。橡皮泥的世界中存在这样的规则：你可以随心所欲地揉捏和弯曲物体，但你无法在它们身上增加或是去除孔洞。要考虑的问题就是，在这样一个世界里，哪些物体之间存在相似的关系？

按照这种思路，立方体和四棱锥是一样的，因为假如它们都由橡皮泥制成，我们就能很轻易地将一种形状重塑为另一种形状。几何体的边和角都不重要——你可以随心所欲地将它们压平、重塑和修复。虽然听起来可能更令人费解，但是咖啡杯和甜甜圈也是一样的（它们都只有一个孔，即甜甜圈中间的空缺以及咖啡杯的把手，你可以将杯身压扁，然后把它和把手捏成甜甜圈的模样）。接下来就是更加匪夷所思的内容：一件T恤和一个有三个洞的甜甜圈是一样的。把T恤的底部撑大，绷到呼啦圈上，就能发现它的内部有三个洞，类似于指尖陀螺的模样。

如果继续玩这个游戏，你很快就会意识到，自己可以随意地将没有孔的几何体揉搓成球的形状。庞加莱猜想提出的问题是：在四维空间中同样如此吗？

这个问题在将近100年的时间里一直没有得到解答，直到2003年，一位名不见经传的俄罗斯数学家格里戈里·佩雷尔曼（Grigori Perelman）在互联网上发布了一个奇怪的证明。一开始，许多严肃的数学家都对佩雷尔曼的解答嗤之以鼻——在互联网上有过很多人声称自己解决了这个问题，但其中大多数"证明"都只是几页乱七八糟的废话。但是越来越多的人逐渐开始对佩雷尔曼产生兴趣，他们开始意识到他的证明很可能是对的，佩雷尔曼也随之声名鹊起。

在长达 4 年的检验之后，数学界在 2006 年确认了佩雷尔曼的证明是正确的，克莱研究所随之为其提供了 100 万美元的奖金。

佩雷尔曼立刻拒绝了这笔奖金。

数学界还试图授予他菲尔兹奖（这一奖项通常被称为数学领域的诺贝尔奖，但是获奖难度比诺奖要大得多。该奖项每四年才颁发一次，并且只颁给 40 岁以下的人）。格里戈里·佩雷尔曼获得了数学领域中最负盛名的奖项，但他再次拒绝了。

佩雷尔曼说，他并没有兴趣得到数学界的认可。用他自己的话来说，他不想被当作"动物园里的动物"。可能佩雷尔曼也不想让那些成就不如他的数学家紧紧地盯着他，埋头研究他的一生。有传闻说，菲尔兹奖的颁奖地点对他来说也是一个问题。该奖项在马德里颁发，这意味着佩雷尔曼从他的家乡莫斯科出发之后要花费一天时间才能抵达，然后花费一天时间参加颁奖典礼，再花费一天时间回家——他本可以用这三天时间解决更多的数学问题。格里戈里·佩雷尔曼，我们向你致敬。

我们怎么知道地球不是平的？

现在请将目光从地球上的生命形式上移开，开始思考有关地球本身的问题：会不会存在地球大小的正球体？

直到1522年，也就是克里斯托弗·哥伦布抵达美洲之后30年，斐迪南·麦哲伦的船队才完成环球航行。不过早在两千年前就已经有人知道地球是圆的了。

埃拉托色尼于公元前3世纪出生于如今位于利比亚境内的地区，当时属于古希腊，因此在成长过程中，他在当地的学校接受了崇尚知识的教育。当然，他也在那里做过一些当时的年轻人都喜欢做的事，比如裸体摔跤，可能还有掷铁饼。后来他去了雅典，在那里学习了柏拉图的思想，创作了广受好评的诗歌，起草了特洛伊战争编年史，并且还编纂了奥运会获胜者年表——这实际上是人类历史上第一本体育史。

在一个古希腊的经典笑话中，一些与埃拉托色尼同时代的人将其称为"贝塔"（也就是希腊字母表中的第二个字母β），因为他们认为埃拉托色尼与同时代的其他思想家相比只能算得上二流。奇怪的是，那些"一流"思想家居然没有在历史上留下姓名[1]。

---

[1] "柏拉图"其实也只是外号，他的真名是亚里斯多克勒斯（Aristocles）。"柏拉通"（platon）这个单词在希腊语中有"宽阔"的意思，柏拉图之所以得到这个外号可能是因为他拥有一副强壮的身躯。

埃拉托色尼的职业生涯一路顺风顺水，并且最终被选为埃及亚历山大图书馆馆长，这是一个极有声望的职位。这个图书馆是当时地中海沿岸地区的学术中心，埃拉托色尼正是在这里完成了自己最为经久不衰的科学研究，包括只用日晷和一些数学计算完成了人类历史上第一次对地球大小的估算。

在亚历山大的时候，埃拉托色尼从旅行者那里听说了一个故事，他们说赛伊尼（Syene，位于今埃及南部的阿斯旺）有一口奇特的井。在夏至日的正午时刻，也就是一年中太阳高度最大的时刻，来自太阳的光线会直接照射到井底的水面，而不会投下一丝阴影。事实上，赛伊尼的建筑、岩石以及其他任何物体在夏至日的正午都没有影子。因此，太阳在那一时刻一定正好位于头顶上。

大多数人听到这个故事之后只会觉得它很有趣，然后继续该干什么就干什么去。但是我们的贝塔却想出了一个基于阴影路径的绝妙实验。首先，他想知道亚历山大城里的物体在夏至日的正午时刻有没有影子，于是他在地上插了一个日晷（差不多就是一根垂直的杆子）来检验这一点。他注意到，与赛伊尼的情况不同的是，这根杆子投下了阴影。

埃拉托色尼认为，如果地面是平的，那么在夏至日的正午时刻应该任何一个地方都不会有影子。然而真相却是在亚历山大有影子，而南方的赛伊尼则没有影子。造成这种现象的唯一可能就是：地面并不是平的，而是弯曲的。

埃拉托色尼的日晷在亚历山大投下的影子表明，太阳的光线并不是从正上方直射下来，而是偏离了7°——略小于一圈的1/50。之后他找来了一个人，并丢给了他一份科学史上最糟糕的工作（希望埃拉托色尼付钱了）——精确测量出从亚历山大到塞伊尼的距离。测量结果是5 000斯塔迪亚（stadia），即800千米或是500英里长[①]。

埃拉托色尼的计算过程很简单：如果亚历山大到赛伊尼之间的距离是一个圆的1/50，那么地球的周长就是50×5 000斯塔迪亚，即250 000斯塔迪亚，约合40 000千米。而我们今天测量出的地球赤道周长是40 075千米。

这是相当令人瞩目的成就，但伊朗学者比鲁尼（Al-Biruni）在此基础上又更进一步。比鲁尼出生于973年，是历史上最伟大的科学家之一。他并没有依赖于容易出错的长距离（比如从亚历山大到赛伊尼的距离）测量方法，就得出了极为精准的地球周长估算结果。

比鲁尼计算的第一步是测量一座山的高度。为了达成这一目

---

① 有关古希腊距离单位斯塔迪亚的长度至今仍存在争议，该长度每年都会由法老王的簿记员重新测量一次，他们可能是通过计量骆驼在特定旅程内花费的时间来计算的。这个距离单位确实会随时间而变化，而这也影响了埃拉托色尼计算的准确度，使他得出了误差在10%~15%间的结果。不过这个结果对于一个古希腊的老伙计来说已经相当不错了。

的，他使用了一个等高仪——一种带有可旋转摇臂的圆盘，与量角器类似，不过是由黄铜制成的，极为华丽。他站在山脚下，用圆盘测量山顶的仰角。

然后，他从山脚下向外走了一小段距离，大约100米，仔细地记录了自己走过的距离，并且再次测量山顶的仰角。

通过这两次测量，比鲁尼获得了足够的数据，可以计算这座山的高度（如果对此感兴趣的话，你可以试试看能否自己通过三角函数计算出他所得出的结果，答案在第71页特别板块里）了。

得到这一测量结果之后，比鲁尼现在只需要再得到一个数据就能计算出地球的半径。他带着自己靠谱的等高仪爬上山顶，测量了水平线和地平线之间的夹角，如此一来，他就得出了一个行星尺寸级别的巨大直角三角形中的决定性要素，现在他就能算出这个三角形中最后一个未知数的值：地球的半径。

凭借基础的三角学知识，比鲁尼计算出地球的半径为3 928.77英里（约6 322.74千米）。而今天我们计算出的地球平均半径精确结果为3 958.8英里（约6 371.1千米）。

因此，无论我们回顾古希腊时代还是伊斯兰黄金时代，我们都能知道在很长一段时间里都有人认识到，我们的行星不是一个扁平的圆盘，尽管数量众多（并且还在不断增长）的阴谋论者还在坚持地球是平的这一理论。

埃拉托色尼和比鲁尼精彩而简易的实验毫无疑问地证明了地

第3章 正圆 069

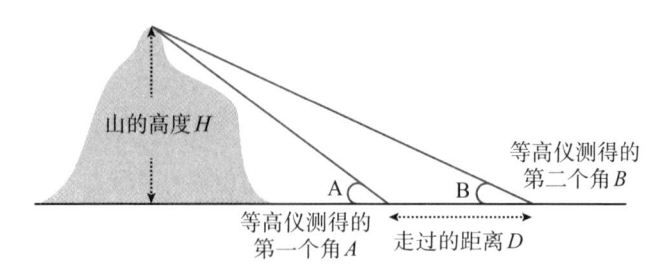

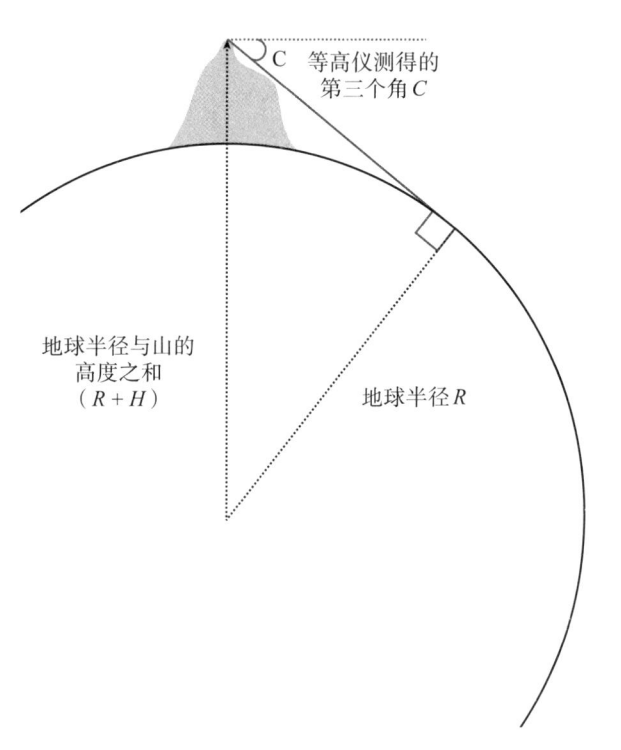

图 3-1 比鲁尼测量地球半径的方法

球表面确实是弯曲的,他们也在此基础上完全合理地提出,地球的形状是正球形。

但是,这个问题(即我们的行星是正球体还是近似圆形)在很多年的时间里引发了大量争论,并带来了一些严重的实际后果。

比鲁尼的绝顶智慧

好了,数学迷们,是时候揭晓答案了。

设 A 和 B 分别是通过星盘测得的第一个角和第二个角,D 是比鲁尼走过的距离,H 是山的高度,则有:

$$H = \frac{D \tan A \tan B}{\tan A - \tan B}$$

现在我们得出了高度 H,设等高仪测得的第三个角为 C,地球半径为 R,则有:

$$R = \frac{H \cos C}{1 - \cos C}$$

地球真的是个球吗?

克里斯托弗·哥伦布从来不会怀疑自己。作为历史上最傲慢、最残酷的暴君之一,他坚信自己是被上帝亲自选中去横渡大西洋以及完成环球航行的人，因为地球上没有其他人能胜任这项工作。1492年，他和他的船员从西班牙出发，向西航行，并且在加勒比海的一座岛上登陆，成为他们所谓的"新大陆"的第一批殖民者。当然，这对于此前已在那里生活的数千万人来说并不是什么新大陆。他们被干脆利落地征服和屠杀，或是死于他们的免疫系统从未遇到过的疾病。来自欧洲的殖民者将他们的财产掠夺一空，而任何敢于反抗的人都会遭受哥伦布面对反对者时最喜欢的刑罚——砍掉他们的手，然后将手挂在他们的脖子上，再将这些反对者送回他们的村庄，以儆效尤。哥伦布简直太可怕了。

考虑到谦逊并不是哥伦布的性格中最突出的特征之一，那么1498年他开始怀疑自己犯了一个重大错误这件事就相当值得关注了。

说到这个问题，就不得不提到，虽然哥伦布和他的手下是第一批在美洲建立永久殖民地的欧洲人，但他们并不是第一批到达那里的人，远远不是。大约在1001年，冰岛维京人莱夫·埃里克松（Leif Ericson）就已经在被他和他的同伴称为马克兰、荷鲁兰以及文兰的地方登陆并安营扎寨了，我们推测这些地方分别对应今天加拿大的拉布拉多、纽芬兰以及巴芬。美洲在维京人出现之前就已经有人居住了大约20 000年，维京人将此前已经占据了这些土地的原住民称为斯克雷林人（Skraeling），我们认为他们可能是因纽特人的祖先。托尔芬·卡尔塞夫尼（Thorfinn Karlsefni）

和古德里德·托尔比亚纳尔多蒂尔（Gudrid Thorbjarnardóttir）都是埃里克松的同伙，他们1004年左右生育了一个儿子，名为斯诺里·托尔芬松（Snorri Thorfinnsson），这是第一个出生于美洲的欧洲后裔。但是他们没在这里停留太久，莱夫和他的手下在这里待了3年之后，觉得斯克雷林人实在太过不守规矩，于是在一场有关一头横冲直撞的公牛的争执之后，便离开了这里迁居别处。欧洲人下一次踏上这片大陆就是1492年。

我们再讲回哥伦布。他对埃拉托色尼的论证很熟悉，并将其作为依据，为寻找能够征服和掠夺的新领土做规划。他也认为地球是圆的，但他采用了自创的计算方式，计算出的地球大小比埃拉托色尼得出的结果要小25%左右。正因如此，他才自信地认为自己的船已经到达远东地区，但实际上他也就堪堪把船开到古巴。

在50岁生日临近的时候，哥伦布发现自己正绕着一个他以为隶属于亚洲的岛屿航行，但实际上那里位于委内瑞拉海岸附近。这时，他开始注意到一些奇怪的事情。

这里的天气居然相当温和，这对于一个如此靠近赤道的地方来说是不合理的。他用北极星来确认方位，发现北极星似乎在天空中不规则地移动着，而且在船的周围似乎有一条名副其实的淡水河正流入大海。这感觉压根儿不像是在环球航行，而是在向北航行。

那时的哥伦布已经有些老了。他的名声和财富都建立在地圆说的基础之上，但是此时此刻的他对自己收集到的证据感到困惑，于是开始质疑他所掌握的一切。在写给西班牙国王的一封信中，他解释道：

> 我一直看到有人说，由陆地和水组成的世界是球形的，并且托勒密和其他所有人的记载都证明了这一点。但是现在，我看到了这么多不规则的地方，所以我得出了另外一种关于地球的结论，那就是它并不是像那些人描述的那样是圆的，而是呈梨形，就像一个圆球，但是上面有一块突起的地方，就像女人的乳头一样。

顺带一提，他认为乳头那部分最接近天堂，因此风和日丽。

哥伦布的乳头地球理论当然经不起推敲。但是如果你忽略那些错误的细节，就可以发现在其荒谬背后，他得出这样的结论是极富科学性的。哥伦布远远不是一个可敬可爱的人，但是至少在这一点上，他表明了自己愿意基于新的证据而放弃自己毕生为之奋斗的目标——他不依赖前人的经验，而是依靠自己测量和计算的结果。尽管事实上地球并不是梨形的，也没有突出的乳头，但是这种科学精神难能可贵。

但是地球确实不是球体。地球表面的丘陵、山谷、山脉和海沟使这颗行星崎岖不平，无法形成正球体，不过它们造成的差异没有你想象的那么大。当你把目光放大到整个地球的范围时，哪怕是珠穆朗玛峰这么大的东西对地球来说也只是一个小瑕疵而已。事实上，如果把地球缩小到能握在手中的大小，它会比台球光滑得多。

但是哪怕抹平这一切，地球也依然不够圆，它身上有比那些山川湖海高高低低的变化更加醒目的缺陷。如果我们从星际空间中观察地球，我们就会发现地球从整体上看还远远不够圆。它的中间略微隆起，两极有些凹陷：它根本不是一个球体，而是一个扁球体。

那么，是什么原因导致了这种"中年发福"的形状呢？地球是一个活跃的、自转的行星。艾萨克·牛顿认为，由于地幔以下的部分是流体，因此地球的自转会使其在赤道处隆起。他说得很对：根据最新的测量数据，从地心到赤道地区海平面的距离比到两极地区海平面的距离大约长13英里（约21千米）。

21世纪的测量技术也表明，地球甚至不是个标准的扁球体。科学家向人造卫星发射激光，测算其反射回来的时间，同时收听来自银河系外的无线电波，留意它们在地球移动和形状改变的过程中会如何变化。月球和太阳的引力会引起海洋和大气的潮汐现象；板块构造运动则昭示着地球质量分布并不均匀；地球上甚至还存在一种名为"冰期后地壳回弹"（postglacial rebound）的现

第3章 正圆 075

象，即地壳会以大约每千年几厘米的速度回弹。就像栖身于地球上的生物一样，这颗行星本身也有生命的脉动。

太空中的球

所以这块漂浮在太空中的蓝色"弹珠"，也就是我们称之为家的地方，其实是一个欢快的小圆疙瘩。火星是离我们最近的邻居，它并不像地球这样拥有扁球体的形状。它曾经拥有活跃的火山，虽然现在已经失去了生机，但动荡的历史在它的表面留下了斑驳的痕迹，其规模比地球上大得多。奥林匹斯山是一座已经熄灭的盾形火山，这种火山喷射的熔岩并不会喷向空中，而是在数千年的时间里沿着山的侧面逐渐流淌下来，一层一层地扩大山体。在这样的作用下，奥林匹斯山的坡度极为平缓，大约是5%，相当于每前进20英尺，高度只上升1英尺。攀爬奥林匹斯山的体验和攀登珠穆朗玛峰完全不同，更像徒步旅行，不过这都不重要。珠穆朗玛峰是地球上最高的山峰，海拔仅为5.5英里（约8.8千米），并且非常陡峭；莫纳罗亚山是地球上最大的火山，它高6.3英里（约10.1千米），其中高于海平面的部分仅有2.6英里（约4.2千米）。但它们在奥林匹斯山的面前都相形见绌：如果从基底算起，那么奥林匹斯山足有16英里（约26千米）高。

在奥林匹斯山的山顶附近有6个火山口——这里曾是岩浆喷

涌而出的洞口。其基底面积约为12万平方英里（约31万平方千米），比法国的国土面积稍小一些。这个沉睡中的怪物体型实在太大，单单是它的存在就足以扭曲火星的形状，使其无法变成球体。

其他行星也都各有难处。木星和土星这样的气态巨行星比地球更扁，比如土星的极半径仅为赤道半径的90%，如果把一个保龄球做成土星的形状，那么它在滚动的过程中就会剧烈地摆动，而且无法维持直线的轨迹。即使土星那标志性的光环也不是正圆的，而是呈椭圆形，并且还在不断变化，因为土卫六等卫星的引力会从侧面挤压它。

这两颗气态巨行星没有地球那么圆，因为它们由气体组成，而且又巨大。我们附近最大的气态球体是太阳，它可能也是我们测量过最接近正球形的自然物体。一项发表于2012年的权威性研究表明，在太阳11年的内部活动周期内，其形状不会发生明显变化，并且太阳的极半径和赤道半径仅仅相差3/445 000。不过，我们对于太阳的边界究竟在哪里还没有达成一致，因此这一结论显得有些模糊。太阳经常会向太空喷射比地球大很多倍的太阳耀斑，但是这种喷发是无法预测的。我们肉眼所能看到的只是太阳影响范围的一小部分，如果切换滤镜的话，我们可能会看到它的边界已经吞没了水星和金星的轨道；如果我讨论的是太阳磁场的范围，那么太阳的边界就会盖住地球轨道。

然而，就算我们看不见太阳的边缘，我们也可以有理有据地说，我们能找到的自然产物中最圆的就是它。无论如何，我们人类追求正圆的过程绝对值得称颂，这不仅仅是因为我们测量过地球、太阳系的其他行星甚至太阳本身有多圆。我们所知的最圆的球体也在太空当中，而它是由我们自己创造的。我们制作出这个近乎完美的正球体是为了追求有关宇宙结构的知识，更确切地说，是为了检验阿尔伯特·爱因斯坦的理论。

为了描述宇宙的基本引力结构，爱因斯坦构建了广义相对论模型。根据这一理论，时空（实际上的空间结构）会受到行星等大质量物体的挤压。我们在学校里学到过一种将这一相当令人困惑的想法具象化的方法，那就是把空间中的平面想象成一张绷紧的橡胶薄片。把一个保龄球放到薄片上，它就会使薄片的结构变形，形成一个凹陷。如果将这张橡胶薄片看作是二维的，那么这个凹痕就会出现在第三维。当然，空间本身已经是三维的了，所以它会在行星这种大型物体的挤压下陷入第四维。大质量物体（指的是质量很大的物体，但不一定体积很大：有些天体的密度非常大，因此会在体积较小的情况下具备很大的质量，比如球形浑蛋弗里茨·茨维基设想的中子星）扭曲了时空的结构。

当行星在空间中旋转时，广义相对论预测它会在凹痕中产生一个微小的旋涡，就像球在蜂蜜中旋转时一样，这种现象被称为"参考系拖拽"。为了验证这一点，物理学家在20世纪60年代设计了一个实验,就像两千年前的埃拉托色尼设计的实验一样,这也是一个概念简单的实验,但是它需要用到一些比棍子和可靠的仆人稍微复杂一些的工具。

实验的思路很简单:如果你旋转一个陀螺,它的主轴会指向某一特定的方向。地球上存在着各种各样的力,如重力、摩擦力、空气阻力等,这些力都会促使陀螺减速并偏转方向。但是如果你在没有外力作用的太空中旋转一个陀螺,那么它就应该能完美地保持住旋转的状态,并且其旋转轴的指向也不会偏离。引力探测器B是用于检验参考系拖拽效应的实验装置:其设计思路是将一台陀螺仪送入卫星轨道,将它的旋转轴指向一颗恒星,然后观察地球质量是否会影响它的旋转。

如果爱因斯坦是对的,那么陀螺大概每年会倾斜0.000 011 67°左右——这无疑是非常非常小的角度,所以陀螺仪必须具备极高的精度,这就需要我们制作出尽可能圆的、乒乓球大小的滚珠轴承。这些轴承由熔融石英和硅制成,它们是有史以来最圆的人造物品,与正球体之间的最大误差仅有40个原子直径——你在这页纸上看到的印刷的油墨都比这厚。如果我们把这些轴承放大到地球的大小,那么它的表面不会有高于12英尺(约3.6米)的"山峰",也不会有深于12英尺的"山谷"。

这个实验的苛刻要求还不止于此。这些轴承(为了防止轴承的损坏,引力探测器B上搭载了4个这样的轴承)悬浮在400加仑（约2 000升）液氦中，温度保持在–271℃，也就是比绝对零度高2度，这对于在极高精度下检测倾斜度至关重要。这些轴承的表面涂有一层近乎毫无瑕疵的金属铌薄膜，而这一温度下的金属铌会变成超导体。在超导体旋转的过程中，它会产生一个与自转轴平行的磁场，有一种极其灵敏的设备可以探测到这一磁场，该设备名为超导量子干涉仪（简称SQUID）。

我们将这些陀螺仪圆球安放在引力探测器B中的液氦室里，然后将探测器送入极地轨道绕地球运行。为了确保实验能够成功，我们还要保证其运行轨道的精确度，因此发射窗口被限制在1秒钟以内。由于风的原因，我们取消了第一次发射计划，后来，它于2004年4月20日下午4点57分23秒发射升空。

搭载引力探测器B的飞船同时还携带了一台望远镜，用于指明恒星的方向。我们要对准的恒星是飞马座IM，它距离地球329光年，我们可以在晴朗的夜空中看到这颗星星[1]。我们将这些陀螺仪设定为旋转状态，其主轴直接指向飞马座IM。

这项试验从2004年8月28日持续到2005年8月4日，之后就是长达数年的数据分析，目的是确定陀螺仪的主轴是否偏离了初始设定的方向。2010年12月8日，引力探测器B正式退役，在这之后不到一年，这一惊人试验背后的物理学家团队发表了他们的

---

[1] 实际上，飞马座IM的视星等仅为5.64，接近裸眼可见的极限，更好的选择是借助一台小型望远镜进行观测。——译者注

研究结果。爱因斯坦的广义相对论模型预测，地球的坐标系拖拽效应的偏移量应该是每年39.2毫角秒，而引力探测器B测得的结果是每年37.2毫角秒。

因此，虽然这个世界上可能并不存在完美的东西，但我们能够找到的最接近完美球体的东西就是由科学家建造的。科幻小说家（同时也是相当优秀的科学家）亚瑟·C.克拉克曾经说过："任何一项足够先进的技术都与魔法无异。"引力探测器B是一个堪比艺术品的实验装置，它将爱因斯坦、正球体、乌贼[①]、飞马等元素融为一体。据我们所知，虽然研究任务已经完成了，但是引力探测器B仍然在离地约400英里（约642千米）的极地轨道上，围绕着中间隆起、两极凹陷的地球运行。藏在它肚子里的4个乒乓球大小的完美球体片刻不停地旋转，它们证明，爱因斯坦的理论经受住了检验。

[①] 超导量子干涉仪的简称SQUID在英语中有"乌贼"的意思。——译者注

第 4 章

亘古磐石

在确定地球并不完全是一个球体，而是中间凸出一些的扁球体之后，我们想要接着提出一个看似不太相关的问题：我们赖以生存的这块巨大而崎岖的岩石究竟已有多久的历史？

地球是如何诞生的？

假设你不知道宇宙大爆炸，不知道太阳系是由巨大的尘埃云形成的，也不知道行星内部存在缓慢搅动的熔岩。如果没有现代天体物理学和行星地球化学的帮助，你会从何处入手思考这个问题呢？那恐怕会很伤脑筋。这在一定程度上解释了，在来自古代文明的创世神话中，为什么有那么多虚妄离奇、荒诞不经的内容——也许古希腊神话是其中最疯狂的。

在古希腊的创世神话中,"地母"盖亚是从混乱无序的原始混沌卡俄斯中抽取的永恒之力。她与"深渊"塔耳塔洛斯和爱神厄洛斯一同诞生,不久又生下了"天空"乌拉诺斯,并与之成婚。

此后不久,乌拉诺斯使盖亚怀孕,并且诞下了12个泰坦巨神。这12个孩子(6男6女)无恶不作、无陋不为,坦白说,他们所做之事足以让你忘记他们的父亲同时也是他们的兄长。

不久,乌拉诺斯厌倦了他们的胡闹,于是将这12人囚禁在冥界。他最小的儿子,同时也是他的弟弟克罗诺斯在母亲的授意下,勇敢地反抗了自己的父亲。他用一把大镰刀割下了乌拉诺斯的生殖器,并将其扔进大海。顺带一提,这个生殖器进入大海之后,其周围泛起了白色的泡沫,美丽女神阿佛洛狄忒正是由此诞生。随着乱伦的趋势愈演愈烈,很快奥林匹斯诸神便接二连三地出现了。随着宙斯、赫拉、波塞冬和其他那些反复无常的神灵开始统治地球,事情变得更加混乱。不过,他们在天上的故事倒是挺有趣。

其他文明和文化的神话故事往往同样如此令人费解,其中我们最喜欢的是一个来自芬兰的民间传说。这个传说称,天空之女伊尔玛特漂浮了几个世纪,最终在海里度过了700年的时光。

一只鸟注意到了她,并且在她的膝盖上产下了7个巨大的蛋。她吃力地维持了数千年的平衡，在此期间，这些蛋逐渐变热，最终热到她无法忍耐的程度：于是这些蛋掉了下来，在海洋中裂开，蛋黄变成了太阳，蛋白变成了星星，外壳则变成了地球。

图 4-1　芬兰传说中的天空之女伊尔玛特

这些创世神话都有某种内在的模式，我们可以将这些模式大致划分为几类。无论一个故事表面上看起来有多离奇，它基本上都从属于其中一类。第一种是混沌起源（以古希腊神话为典型案例），这类故事叙述的是秩序产生于无序之中；第二种是宇宙之蛋，它不仅在芬兰的传说中有所体现，也出现在中国神话、印度教以及其他几十种文化中；还有一种类型叫作"无中生有"，该类型不仅包括了基督教神话，而且相当有趣的是，它还包括目前为止的创世论中因有证据支持而接受度最高的一种，即大爆炸理论。

地球是多久以前形成的？

在所有的创世神话中，时间都没有占据重要的地位，它与我们所感知到的正在流逝的时间似乎没有什么关系。没有人会说"宇宙大爆炸发生在一个周二的下午"。在宇宙起源的问题中，年、月、日、时、分、秒这些概念都毫无意义。我们只是一致同意，这些事情都发生在"很久很久以前"，然后到此为止。

不过，也有一些人并没有把这些创世说看作隐喻和神话，而是在故事中寻找与地球的真实年龄相关的证据。我们以《圣经》创世论者为例，与一般的基督徒相比，该群体更加缺乏理智、更加高调，并且处于边缘地位。他们不认为《圣经》中所描述的是一个个充满诗意、有些疯狂、包含残忍的思想但有时又相当美丽的故事。相反，这些人声称《圣经》中的每句话都是确凿的真相：雅各与天使的搏斗、鲸鱼把约伯吞进肚子里、挪亚与大洪水、《新约》中的时代和耶稣的生平等。

顺带一提，《圣经》中提到了挪亚方舟的尺寸，这艘由歌斐木制成的船比泰坦尼克号小很多。有人曾试图计算出这样一艘船能否装得下所有动物，尽管在运算的过程中还有一些解释的余地，但从动物学的角度来看，我们的脑海中立马浮现出了三个相当大的问题：（1）在一个逼仄的空间当中，把一堆站在食物链顶端的捕食者与很多美味的猎物聚集在一起并不是什么好主意；

（2）对任何物种来说，从仅仅两个个体重新繁衍成遍布整个地球的生物种群都是遗传学上的灾难，由此产生的高度近亲繁殖将使其功能性灭绝；（3）你能想象这些动物会产生多少粪便吗？这样的问题在《圣经》中数不胜数。

我们有些跑题了。创世论者认为《圣经》是对既有事实的文字记载。甚至包括其中一个被很多人忽略的故事，里面描述了一头会说话的驴①；还有一次，上帝派了两头熊去杀死42个孩子，因为他们嘲笑了一个秃顶的男人②。最重要的是，上帝甚至只花了6天就创造出了宇宙和宇宙间的万物，之后在第7天获得了一天应有的假期，可能他用这个假期来看电视了。

一部分创世论者认为，"很久很久以前"并不像其他宗教或是科学所说的那么久远。像科学家一样，《圣经》创世论者也力求数据的精确，他们中有很多人都坚称有必要仔细研究《圣经》中的精确日期。根据17世纪一位著名牧师的说法，他通过对《圣经》逐字逐句的细致研究，得出《创世记》第1章中"神说要有

---

① 《旧约·民数记》22：21—39。巴兰骑着驴出门去，驴看见一位天使挡在路上，就转离正路避开他，于是巴兰就击打了这头驴。这种情况又接连发生了两次，而在巴兰第三次击打这头驴的时候，它张嘴说起话来："老兄，你为什么要打我？"

② 《旧约·列王纪下》2：23—24。"以利沙从那里上伯特利去。正上去的时候，有些童子从城里出来，戏笑他说：'秃头的上去吧！秃头的上去吧！'他回头看见，就奉耶和华的名咒诅他们。于是有两个母熊从林中出来，撕裂他们中间四十二个童子。"

第 4 章　亘古磐石　087

光"这一事件发生于公元前4004年①。这意味着,在我们写下这行文字时,也就是2021年,地球的年龄(甚至于整个宇宙的年龄)是6 025岁。

这大错特错。能够证伪这一说法的证据实在太多了,我们根本不需要耗费什么精力就能轻易找到。从路边随便捡起来的一块石头就有可能是数千万年前,甚至数十亿年前在地球的高温下锻造出来的。恐龙在地球上生活了1.7亿年,并且所有的恐龙(准确地说是所有的大型恐龙)都灭绝于6 600万年前。在一些非常寒冷的水域中生活着一些生长极为缓慢的生物,有人估算出大西洋中的玻璃海绵至今已存活了15 000年之久。换句话说,这些动物在人类驯养猪之前就已经存在了。

把时钟向前拨动6 000年,那时人类社会正处于所谓的"新石器时代"。农业生产在全球范围内蓬勃发展;欧洲开始出现犁;人们开始用黏土烧制的奶瓶来喂养婴儿;美洲人开始种植玉米,埃及人开始锻造铜器;非洲、中东和欧洲人开始养殖奶牛和制作奶酪。很多人类活动都在这一时间开始出现。6 000年前也是历史的开端,人类从那时候开始用文字记录事物。

---

① 以前,我们所说的"公元前"(BC)指的是"基督之前"(Before Christ),"公元后"(AD)指的是"主诞生之年"(Anno Domini)。如今,科学界采用的"公元后"(CE),意指"当前的年代"(Common Era),而"公元前"(BCE)则是指"在当前的年代之前"(Before Common Era)。为了方便起见,我们现在一致认同当前的年代开始于公元0年。

《圣经》创世论者是错的，而且错得相当离谱、滑稽。地球有着波澜壮阔、宏伟壮丽的历史，我们手中有无数的证据可以证明，地球的历史远远超过6 000年。

不过，可能会让你感到惊讶的是（当然，连我们自己都感到惊讶），就在这本由两位毕生致力于拥护科学重要性的人所写就的书当中，我们准备为这个数字辩护。很少有明显的线索能够表明事物的真实年龄。我们可以通过测量树木生长出的一圈又一圈的新组织来判断其在每年中的生长量，所以可以利用年轮来确定它们的年龄，这就是树木年代学，但是最年长的树大约也只有4 850岁。这棵树被命名为玛士撒拉，名字来自《圣经》中挪亚的爷爷，他极为长寿，活到了969岁（这些故事中的时间可真是相当灵活）。学者需要依赖最可靠的信息来源进行科学研究，而在中世纪由基督教占主导地位的欧洲，《圣经》就是他们所能接触到的最可信的来源，于是创世日期就成为重要的研究课题。约翰内斯·开普勒、尊者比德甚至艾萨克·牛顿都曾认真地尝试过确定宇宙诞生的时间，并且最终得出的结论都在6 000年前左右。在所有结论中，有一个日期特别突出，并且受到当今创世论者的广泛推崇，也就是爱尔兰大主教詹姆斯·厄谢尔（James Ussher）所宣布的地球诞生的日子：公元前4004年10月23日。

地球上下六千年

1581年,厄谢尔出生于都柏林的一个富裕的家庭,并且在13岁就上了大学(他的确很聪明,但这种情况在当时并没有那么罕见)。他在教会中的职位飞速晋升,在26岁时出任都柏林三一学院神学教授,这听起来就像是《哈利·波特》系列里面的教职。到1625年,他一路攀升到爱尔兰教会的最高职位,受任全爱尔兰首主教(Primate of All Ireland)。顺带一提,在英语中,基督教等级制度中的最高等级之一同时也是猴子和猿类的分类学名称(primate),这不能不说有些滑稽。

当时正值英国教会的多事之秋,整个国家在政治和宗教动荡中逐渐滑向内战的泥潭。1649年,查理一世在怀特霍尔宫被斩首,厄谢尔在附近的屋顶上观刑,但是在斧头落下时昏了过去。

从那以后,他就运用自己聪明的头脑和出众的智慧开始研究宇宙的起源。在查理遭处决一年后,厄谢尔完成了传世巨著《由世界最初的起源所推断出的〈旧约〉编年史》,简称《〈旧约〉编年史》。他在这本书中条理清晰地列出了自己计算出的世界(及世间万物)起源的时间。

厄谢尔在计算过程中做了一些假设,这在当时类似的工作中是非常普遍的:例如,创世开始于星期日。当然,这是因为上帝要在第7天休息——犹太人将安息日作为休息日,而安息日是星期六，所以创世必定开始于前一个星期日，这样上帝才能在安息日休息。

他还假设地球是在公元前4004年10月22日（也就是那个至关重要的星期日的前一天）下午6点整形成的，因为在传统的犹太历法中，下午6点是一天的开端。同时，厄谢尔还根据犹太传统历法得出创世发生在秋天，因为犹太新年正值秋分，这一天昼夜等长。

一些眼尖的读者可能已经注意到，我们现在的日历上所标记的秋分是9月21日前后，而不是10月23日。这是因为我们现在用的是格里高利历，这种历法在16世纪才投入使用，而厄谢尔使用的则是尤利乌斯·恺撒于公元前45年推行的儒略历，二者之间的差距超过10天。造成这种巨大差异的原因可以归结为对"一年"究竟意味着什么的不同理解。下面请坐稳扶好，前方将是一段崎岖坎坷的旅途。

在老旧的儒略历中，地球围绕太阳公转一周需要花费365.25天。我们不能让每年的第一天多出四分之一，从1月1日的上午6点开始计算一年的时间，因此我们每隔3年就会设置一个闰年，并且将过去三年间忽略不计的三个四分之一天和该年度的四分之一天合并到一起，将这一年记为366天。

目前为止，风平浪静，但是地球绕太阳一周的实际上是365.242 5天，于是儒略年就比一年的实际长度多出了11分钟。几个世纪过去后，这一差异逐渐累积，儒略历与地球轨道的偏差逐渐达到十几天。我们现在处理这个问题的方法是，取消在每个不能被400整除的整百数年中设置的闰日，这意味着1700年、1800年、1900年都不再是闰年，2100年、2200年、2300年也不再是闰年。当教皇格里高利十三世在1582年发现这一误差时，他颁布了以自己的名字命名的新历法，并采取了非常激进的方式从儒略历转换到新历法：他直接从历史上抹去了10天，这样10月4日（星期四）的下一日就是10月15日（星期五）。不知道在这段时间里过生日的可怜人们是怎么过的。

还跟得上吗？在格里高利的改革下，不可能把10月23日确定为秋分日（也就是创世的起点），但厄谢尔使用的是儒略历。在凯撒规定闰年的设置方式之前，人们为了协调历法和季节的差异也引入了闰年的概念，只是那时闰年的间隔还不规律，有时每3年一次，有时则依情况而定。直到公元8年，闰年才正式被确立为每4年一次。因此，如果计算涉及在此之前的日期，那就必须要考虑到那时的闰年难以捉摸。正如我们所说，厄谢尔是个办事条理清晰的人。

时代浪潮不断翻涌：西方历法术语表

儒略历：由尤利乌斯·恺撒于公元前45年主持制定，后来在公元 8 年得到修正。该历法认为地球绕太阳公转的周期是 365.25 天，所以每 4 年就会有一个全年 366 天的闰年。

外推儒略历：在使用儒略历推算公元 8 年之前的日期时，历史学家需要考虑到，闰年直到公元 8 年才正式确立为每 4 年一次。

格里高利历：教皇格里高利十三世和他手下的科学家团队意识到，恺撒略微高估了地球公转轨道的长度，这导致儒略历走到了地球公转的前面。于是他们从历史上抹去了 1582 年 10 月中的 10 天，同时还取消了每 400 年中的 3 个闰年。

犹太历：与格里高利历几乎完全相同，只是新年始于秋分。

现在可以分清楚了吗？

因此，厄谢尔对多种历法进行了考证、推算和修正，最终得出了创世开始于 10 月 23 日的前一晚这一结论。现在剩下的问题就是弄清楚到底是哪一年的 10 月 23 日。当时的人普遍认为地球大约有 6 000 年的历史，其依据是《新约·彼得后书》第 3 章，第 8 节："但是亲爱的弟兄阿，有一件事你们不可忘记，就是主看一日如千年、千年如一日。"与其他很多同时代的学者一样，厄谢尔对此给出了一个简单的解释：上帝花了 6 天时间创造了整个世界，而上帝的一天相当于 1 000 年，所以地球所经历的岁月一定是6 000年——在耶稣诞生前度过了4 000年，剩下的2 000年则是在那之后。

厄谢尔计算出地球的年龄是6 004岁，多出来的4年是历史学家约瑟夫斯早先试图修正另一个时间上的错误时提出的。耶稣的诞生标志着公元前与公元后的界限，不过希律王的死亡恰逢一场月食，约瑟夫斯计算出这场月食发生在公元前4年。《马太福音》不可能出错（《圣经》中虽然没有记载任何精确的日期，但其中事件的真实性是那个年代的共识），耶稣一定是在希律死前出生的，因为根据《马太福音》的记载，他逃脱了希律王处死所有男婴的命令。因此，厄谢尔认为，耶稣实际上是在公元前4年出生的，这就意味着在公元前4004年10月22日下午6点，上帝瞥了一眼他的电子表，然后创造出了整个宇宙。

你现在可以休息一天，看看电视剧放松一下。厄谢尔以及当时所有其他编年史学家的计算有着同样的学术信仰，即认为上帝是一位天文学家，只要基于逻辑和理性来分析手头的论据，就能揭示出上帝创造的完美的宇宙数学结构。但厄谢尔的分析的关键问题并不在于其方法，而是论据。他的那本书名为《〈旧约〉编年史》，然而事实证明《旧约》并不是一部科学典籍，也不是真实的历史文本。我们常常会嘲笑厄谢尔的编年史，因为那里面充斥着各种假设，并且高度依赖于《圣经》的真实性，而今天的大多数人都已经不再相信这些内容。但是在厄谢尔那个年代，《圣经》的准确性受到普遍认可，并且以当时的标准，可以说他针对《圣经》开展了严谨、准确、合乎逻辑的研究。厄谢尔的计算可能与真实情况相差5个数量级以上，但他的论据是当时公认可靠的资料，并且他也一丝不苟地完成了计算。只是在21世纪的眼光下，厄谢尔的方法和结果显得有些不可理喻罢了。

在厄谢尔的年代过去之后，科学最终被提炼成了一系列方法和工具，来检验那些观察到的现象，教会颁布的教条或法令不再会影响我们的研究。如今对于地球年龄最准确的测算是45亿年左右（我们在后文中会介绍与此相关的证据），这与厄谢尔的估算相差大约76万倍。就这一误差而言，厄谢尔错得实在太离谱了，这相当于把伦敦和伯明翰之间的120英里（约190千米）距离测量成10英寸（约25厘米）。但是，相比于测量地球上两个地点之间的距离而言，计算古老物体的年龄需要的技巧和工具更加复杂。说实在的，你能证明一块岩石经历了数百万年的岁月而不是短短几千年吗？

随着科学蓬勃发展、日益壮大，创世论逐渐销声匿迹。到了19世纪上半叶，查尔斯·达尔文提出了自然选择进化论，并且指出若要使该理论成立，则地球的年龄至少有上亿年。他在搭乘小猎犬号科考船的旅程中看到了很多动物，其中有一些似乎具备与其他动物相似的特征，可是它们之间相隔着一片无法泅渡的沧海。造成这种现象的原因可能是大陆会随着时间的推移而移

第 4 章 亘古磐石 095

动——事实也确实如此，只不过完整的板块构造学说还需要再过一个世纪才有人提出。

不过达尔文在南唐斯丘陵的土壤中发现了关键的证据，它足以说明地球的历史比之前几个世纪里人们的估算要古老得多。达尔文知道化石记录是非常不完整的，因为石化的过程需要特殊的条件，而这些条件很难同时出现：首先需要一块平整的地面，其次动物要迅速被覆盖以不被吃掉，最后这块区域还要在数百万年间保持稳定，直到我们将化石发掘出来。现在的我们已经发现了上百万种化石，可是在达尔文的时代，还没有如此丰富的化石能显示出一个物种缓慢转变为另一个物种的完整过程，而达尔文的理论正需要以这种持续不断的渐进演化为基础。因此，他利用一些地质学家的学术成果，尤其是查尔斯·莱尔（Charles Lyell）的研究来证明，这些失踪的过渡性物种至少存活了几十万年。英国南部的威尔德地区是一片巨大的地质盆地，其表层土壤下的白垩层从伦敦南部一直延伸到英吉利海峡的海岸。这里曾经是一座大型背斜构造的土丘，在板块的挤压作用下形成。积年累月的地质作用侵蚀了山顶，逐渐将其削平，露出了下面极为古老的白垩层。达尔文研究了不同类型岩石的侵蚀速率，并得出结论，威尔德背斜需要经历整整3亿年的侵蚀才会呈现出如今的盆地状态，达尔文位于肯特郡的故居也在这一区域内。根据他的进化论（事实证明这是一个天才且完全正确的理论），这么长的时间完全足够让一个物种转变成另一个物种。

不过,尽管从理论上讲达尔文是对的,但他得出的结论仍然与地球的真实年龄相差很远——大约是15倍。当然,这已经比厄谢尔的估算要准确得多,只是若要将该结果视为地球历史的开端的话,误差未免还是大了点儿。

关于我们赖以生存的这块亘古磐石的年龄,最准确、最新的结果来自地质学、化学和核物理学等多个学科的交叉融合研究,而这一切都始于欧内斯特·卢瑟福(Ernest Rutherford)[1]。卢瑟福的研究表明,原子是由电子、中子和质子组成的,他还发现一些原子的原子核中含有更多数量的中子,这使得它们成为同一元素中更重一些的原子——同位素,而这类原子通常都不太稳定。这种不稳定性使它们具备放射性:它们的原子核会分解,同时释放出粒子(或是伽马射线)。卢瑟福还注意到,元素衰变的速率是可预测的,并且每种放射性同位素都具备独特的衰变速率。他在一项实验中证实了一种特别罕见的钍样品[钍元素的英文名thorium来自北欧神话里的雷神托尔(Thor)]的放射性大约会在11分半钟之后衰变为原来的一半,于是进而提出了"半衰期"的概念。[2]因

---

[1] 本人虽有幸与这位伟人同姓,可我们其实并非来自同一家族。为这份缘分干杯!
[2] 钍有30种不同的同位素,它们都含有90个质子,但是中子的数量从118个到148个不等。它们都不稳定,但是不同同位素的半衰期长短不一,最短的只有10分钟,而最长的则长达140亿年,大约和宇宙的年龄一样久。

为许多元素都有具备放射性的同位素，而这些同位素又与稳定的同位素混合在一起，因此卢瑟福的发现实际上为研发"核时钟"提供了理论基础。如果岩石中含有已知有放射性同位素的元素的物质，我们就可以假设这些原子在岩石形成时就已经存在了。如果知道这种元素中放射性原子和常态原子在天然状态下的比值，我们就可以先测量现在的岩石样本中放射性原子的数量，再根据其半衰期计算出岩石形成的时间。这一过程也可以用于确定化石中的生物生活在什么年代。有一部分碳元素具有放射性，而我们会通过进食不断地将碳吸收到身体组织中，因此只要我们还活着，各同位素的比例就会保持稳定。而在我们死亡之后，进食停止，于是碳的吸收也停止了，体内放射性碳元素逐渐衰变，其比例也逐渐下降，就像嘀嗒作响的时钟。这被称为放射性碳计年法——但是由于碳的半衰期只有"短短"7 530年，因此这项技术只适用于距今5万年以内的样本。如果样本的年代超出这一年限，那么剩下的放射性碳就不足以让我们得出准确的日期了。

将这种得到广泛应用的技术与一种廉价珠宝（锆石，一种经济实惠的钻石替代品）结合到一起后，我们就可以知道地球的年龄。硅酸锆晶体的形状接近正立方体，它们具有一个独特而有用的特征：铀原子可以取代锆原子进入晶格当中，但是铅原子却无法进入晶体结构中。

一部分铀元素具有放射性[1]，那就是铀-238，它衰变后会变成铅-207，其半衰期为44.7亿年。由于锆石只有在晶体形成时才能捕获铀原子，因此一旦具有放射性的铀-238原子被捕获，计时就开始了。锆石晶体非常坚硬，能够经受住数十亿年地质变形的挤压。

在岩层中发现锆石晶体之后，我们就可以停止计时了。我们知道，在锆石中存在的所有铅-207在一开始都是以铀-238的形式存在的，通过计算锆石晶体矿床中铅-207与铀-238的比例，我们就可以得出其准确年龄。迄今为止发现的最古老的矿床位于澳大利亚西部的杰克山区，它经历了大约44.04亿年的岁月。

我们用类似的方法对某一类陨石展开了研究，并得出了一个更加古老的年代。这些陨石被看作是地球形成过程中的多余物质，它们和地球都来源于太阳诞生时遗留下的一些碎片，这些碎片漂浮在轨道上，最终逐渐结合到一起，形成了太阳系中的诸多天体——这一过程被称为吸积。对这些陨石的分析集中在放射性铅、锇、锶和其他大量重金属元素上，得出的结果都在45亿年左右，其误差范围只有几千万年。

情况就是这样，我们的地球大约有45亿年的历史，相当于

---

[1] 出于上天的设计或是科学研究上的巧合，铀（Uranium）的名字取自天王星（Uranus），因为它的发现恰好与天王星的发现时间很近，而天王星的名字则来源于希腊神话中被阉割的天神乌拉诺斯（Ouranos）。

宇宙年龄的三分之一左右。推算地球的年龄是那个年代最伟大的科学家共同追寻的目标，尽管他们的答案各不相同，也存在各自不同的瑕疵，但是他们最终都归于尘土。与艾萨克·牛顿、查尔斯·莱尔、查尔斯·达尔文和欧内斯特·卢瑟福一样，詹姆斯·厄谢尔也被安葬在威斯敏斯特大教堂，他的坟墓上刻有："历史学家、文学评论家、神学家。在圣人当中最博学，在学者当中最圣洁。"让我们向这些聪明绝顶的灵长类动物致以最崇高的敬意。

第 5 章

时间简史

这个故事开始于一根电缆。这根电缆有些特别,它被埋在伦敦街道的地下深处。假如你无意中发现了它,你也会觉得这东西不太起眼,它看上去只不过是一堆黑漆漆的线头,从亨利八世的汉普顿宫外的不远处一直延伸到伦敦西南方向泰晤士河东岸的码头区。它的存在鲜为人知,更不要说它的用途了,因此也就没什么人知道这根电缆能在短短30分钟的时间内使一万亿美元消失不见,而这意味着我们整个世界的运行都离不开它。在这根电缆中往来的数据影响着数目巨大的金额,可它的工作却相当简单。它只回答了一个问题,但是它提供的可能是全宇宙最准确的答案。

现在几点了？

如果我问你，在你的所有钟表里面走时最准的是哪个，你可能知道答案。也许是你的手机，它可以通过远程信号校时；也有可能是产自瑞士的精密手表。但是答案应该不是微波炉上的时钟，因为它显示的时间是出厂时设置的，而且只能通过说明书上规定的操作重置——但是它的说明书你恐怕已经找不到了。

关于哪些时钟比较准，哪些时钟不太准，我们有一套标准（不过其中不包括微波炉上的时钟）。摆钟比日晷可靠，石英钟比摆钟可靠。这样一来，测试时钟的准确性就成了一项颇为简单的工作。你只需要把一台时钟与等级更高、更加可靠的时钟进行比较，很快就能通过二者走时的差异得出结论。

假如真的有一张时钟等级表，那么就一定会有一台最高等级的时钟——它是为其他所有时钟设定标准的计时设备。但是时间不像质量那样拥有标准单位（截至2018年，"一千克"的标准是一个放在巴黎某个地下室中的铂铱合金圆柱体的重量）。时间的单位（比如"秒"）无法以这样的方式定义。你无法制造出一个"原型秒"并将其置于玻璃罐中，然后锁进柜子里，或是拿在手上。因此要回答"现在几点了"这个看似简单的问题，我们必须首先搞清楚是谁（或者更准确地说，是什么）主宰着时间，并且解决"时间到底意味着什么"这一问题。

1秒是多久？

这应该是个很简单的问题，毕竟地球每24小时自转一周，每小时是60分钟，每分钟又是60秒。如果你想测量1秒有多久，只需要将望远镜指向天空中的一颗恒星，然后等到第二天晚上，也就是整整一天之后，这颗恒星又出现在视野中的同一位置时，再将经过的时间除以86 400（24×60×60 = 86 400），得到的结果就正好是1秒的时长。

摒弃实体的时钟而将地球作为计时工具似乎是个好主意，但是哪怕是古代的天文学家也模模糊糊地认识到，地球的自转并不是一块可靠的秒表。

日晷可以让你很准确地估算出地球绕地轴转了多少角度。但是，一旦你试图在日晷旁边安装另一台计时工具，时间就会开始扭曲。人们尝试过巨大的沙漏和水钟（把沙漏中的沙子换成水），甚至还尝试过蜡烛钟（用逐渐缩短的蜡烛来衡量时间的流逝），但结局都是一样的：人造设备显示的时间与日晷无法同步。它们有时比日晷走得快，有时又比日晷走得慢。

古巴伦科学家早就掌握了这种反常的现象，生活在2世纪的古罗马数学家、天文学家托勒密同样如此，他甚至还计算出了人造时钟和天体运动之间的误差。但是直到荷兰物理学家、数学家、业余钟表匠克里斯蒂安·惠更斯于1656年发明了摆钟，这个世界上才第一次出现能够精准测量日晷和时钟之间误差的设备。摆钟的误差可以被控制在每天几秒钟以内，这比拿着尺子和燃烧到一半的蜡烛坐在日晷旁尝试精准计算要容易得多（而且也没那么麻烦）。惠更斯比较了自己新发明的摆钟和日晷在一整年内走时的差异，他据此绘制的一系列图表表明二者之间的误差确实存在：摆钟和日晷指示的时间并不一致，而它们之间的差异并不是随机的。

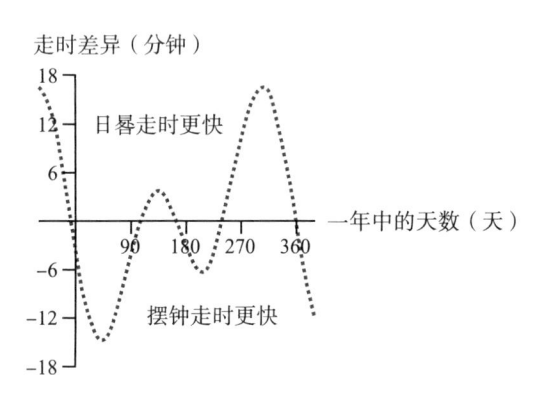

图 5-1 摆钟和日晷的走时差异

摆钟和日晷的误差在一年的时间里起伏不定，并且惠更斯还注意到，似乎每一年都会呈现出完全相同的规律。人造的摆钟彼此之间都一致，会不会是日晷出了问题？答案是肯定的。当时的摆钟虽然没有后来的瑞士怀表那么精准，但地球的精确度更加糟糕。

原因在于太空。在围绕太阳公转的过程中，地球的自转存在微弱但可测量的波动。当我们所在的行星围绕着它的恒星运行时，其他行星的引力会在地球轨道上形成轻微的凹陷，这造成了地球的自转时而略快，时而略慢，就像在游乐场里跳华尔兹。这些由引力造成的影响颠覆了我们的时间观念：一天的时长实际上不是24小时。

如果我们把太阳连续两次到达天空中最高点的时间间隔（即从某一天正午到第二天正午）定义为一天，那么9月的一天差不多比2月的一天短了将近半个小时。

如果我们放弃抬头看向天空而是紧盯着摆钟计时，我们就会发现，无论在哪个月，从正午到正午的时间都是整整24小时；但是地球的自转速度却会在一年中的不同时间发生忽快忽慢的变化。这种变化难以察觉，因为每隔一天只会相差几秒，但这也足以说明为何所有人造计时工具都无法与日晷保持同步——天体的计时本身就是不规律的。

以前的人根本不需要知道确切的时间（比如11时38分），他们只需要紧跟着地球的节奏筹划日常活动即可。但是在人类踏上环球航行之旅以后，精准地掌握时间变得越来越重要（参见第106页特别板块）。如果时钟能够在这一点上对我们有所帮助（这一点毫无疑问，因为并不是每个人都能仰仗公鸡打鸣来掌握起床的时间，也不是每个人都能找到天文学家来询问何时用餐），那么我们就需要一套制造时钟的有效方案。

因此，17到18世纪的科学家开始构思如何重新定义"一天"的时长。他们决定放弃使用连续两个正午的时间间隔（大约是24小时，上下浮动15分钟以内），转而采用一整年中地球自转一周所花费的平均时间（24小时）。由于新的定义是基于一个平均值，所以科学家称之为"平均时"（Mean Time）；又因为在历史上的这段时间里英国人宣称他们称霸了海洋，所以他们就用英国最著名的天文台来为之命名，即格林尼治标准时间（Greenwich Mean Time）。

掌握时间才能知道自己身在何方

1707年，西班牙的王位继承战争正打得如火如荼，当时西班牙王朝的国王"中魔者"卡洛斯二世死后绝嗣，欧洲各大强国纷纷卷入对西班牙领土的争夺当中。一支英国舰队从直布罗陀启航，在与宿敌法国的战斗中失利后返航朴次茅斯。那天的天气很差，他们在旅途的最后遭遇了极其危险的状况，于是不得不更改航线。各位船长重新计算了自己的位置，认为他们已经安全驶离法国的布列塔尼海岸，但实际上他们正驶向锡利群岛的浅滩和暗礁，这是致命的失误。然而他们完全没有意识到这一点，最终4艘战舰触礁沉没，造成了多达2 000人丧生。这是英国历史上最严重的海难之一。

水手们的失误在一定程度上要归咎于对经度的计算不够准确。计算出自己在南北方向上的位置（即纬度）相对来说更加容易，你只需要知道当天的日期和太阳高度角即可：夏季的太阳比较高，冬季的太阳比较低，这种变化有其规律可循。但是在海上通过类似的简易天文学计算来得出东西方向上的位置几乎是不可能的，你必须掌握精准的时间才能做到这一点。

计算出自己所在位置的时间倒是挺简单。太阳会在正午到达最高点，也就是天顶，因此你可以持续观察天空一整天来确定正午的时刻。但是如果想知道自己和伦敦的时差，你就需要一台时钟来为你指示格林尼治标准时间的正午时刻。对比两个正午时刻的差别之后，你就能计算出自己和伦敦之间在地球自转方向（东西向）上的距离，也就是与格林尼治子午线的距离，这就是你所处的经度。

但那些战舰上的时钟无法完成这一任务。当时的摆钟只能在陆地上稳定运行，但是在颠簸的海上却不行。温度的变化会导致时钟内部的金属发生弯曲、膨胀或收缩，从而影响齿轮转动的速度，海上潮湿的环境也会对齿轮造成严重的破坏。所有这些机械结构的缺陷共同导致了经度计算上的灾难性失误。

18世纪，西班牙、荷兰和法国都设置了巨额奖金，悬赏能够制造出适用于航海的精准时钟的人，因为这几个国家都渴望称霸海洋，而这一切的前提是能在海上掌握精准的时间，否则英国舰队的悲剧就会不断重演。但反而是英国政府在1714年悬赏的2万英镑（大约相当于今天的400万英镑）率先见效。尽管这笔奖金未曾全额发放过（政治家总是善于寻找不发放奖金或是不履行承诺的借口，这真是离谱），但这阻止不了英国木匠、钟表匠约翰·哈里森被公认为该方案的设计者。1761年，他成功制造出一款精巧的超大号怀表，名为H4，这块表里面包含一个双金属条结构，它的大小可以随着温度的变化而变化，从而调节怀表的机械装置。在首次海上试航中，这块怀表在81天的时间里走时误差仅为5.1秒。

当然，现代石英表的精准度（大约每年相对于平均太阳时的误差在10秒以内）远远超出了H4，但是哈里森对于经度计算问题的解决方案一直留存到今天。到了19世纪，精密时计已成为海上航行的标配，即使在今天，无论你在地球上使用何种方式导航，从复古的六分仪到现代的全球定位系统（GPS），其原理基本上都是依靠掌握时间。

掌握时间是海事史上至关重要的一步，原因很简单：掌握时间才能知道自己身在何方。

摇摇晃晃的世界

确定格林尼治标准时间让很多人都松了口气。不会再有科学家观察蜡烛钟时不小心把自己烧伤,也不会再有船长不知道自己的航向了。世界各地的人们都能在下午4点准时喝上下午茶了。

摆钟在长达275年的时间里都是最先进的计时工具。当时有一队人马常驻伦敦,通过天文观测确定格林尼治标准时间,维持其权威性。但是随着20世纪科学技术的发展,几款新发明的时钟再度引发了争端。

这个时候的人们终于能知道现在几点了吗?远远没有。

首先出现的是石英钟。19世纪末,著名的玛丽·居里的丈夫皮埃尔·居里和皮埃尔的哥哥保罗–雅克·居里发现,挤压一小块石英晶体可以使其产生微弱的电荷。这种效应是可逆的:在一块石英上施加一个电场,它就会发生收缩或伸展,并同时产生电荷。如此一来,石英就能发挥出不可思议的作用,例如,在第一次世界大战期间,法国人基于此制造了一种海底探测器[①]。但是直到20世纪20年代,人们才意识到石英的这一特性可以

[①] 这是一种早期的声呐。其原理是:向海洋中发射高频脉冲,当它被反射回来之后,石英就可以探测到水中的振动。回声会挤压石英,使其发出微弱的电信号。回声返回得越快,物体就越靠近水面,所以只要发出大量声波就可以知道平静的水面下是否危机四伏。

用于钟表的制作。

当石英内有电流通过时，它会以极其规律的频率收缩和伸展。这意味着石英在每秒钟内振动的次数可以用来记录时间，它比机械钟更加可靠，能够有效取代来回摆动的钟摆。

但是，当科学家将崭新的石英钟与地球自转进行比较时，他们沮丧地意识到，还得额外考虑另一种基于时间的因素。他们发现石英钟和地球自转之间还是存在差异，于是再次对时钟的作用产生了怀疑。现在科学家已经掌握了地球自转速度的变化，但是即使将其考虑在内，地球的自转和这种将石英分子结构作为钟摆的钟表还是无法同步。

石英钟和地球在时间上存在分歧，但是分歧的程度并不清晰，也无法预测。这意味着，还存在另外一个层面的误差（我们无法利用格林尼治标准时间来校正），它在不知不觉中扭曲着一天的时长。在有人发明出足够精准的技术装置之前，我们都没有意识到这种因素的存在。

上述内容意味着：不仅仅是某一天的时长不是24小时，甚至一天的平均时长也不是24小时[①]。如果将地球视作计时工具，那么这个时间永远是不靠谱的。地球自转一圈的时间完全

---

① 这里的"一天"指的是地球自转一周的时间。在摆钟发明之前，"一天"就是这个意思，只是后来变成了24小时的意思，和以前不一样了，这也是我们现在所使用的含义。不过最好不要在这个问题上耗费太多精力。

无法预测。

这是有原因的：一旦测量的精度达到微秒级，风和大气压就足以在这一层面上改变地球上一天的精准时长。我们现在还知道，月球在围绕着地球公转的同时也在逐渐远离我们，而这会使地球的自转速度减慢（参见第112页特别板块）。哪怕是在我们脚下近3 000千米深处晃动的由铁构成的液态外核，也会对地球的自转速度产生影响。风、液态外核、重力——这些作用过程都是混乱的，我们无法通过数学方法计算。

如果我们像历史上的大多数人那样，试图根据地球来校准时钟，将是一场徒劳。

我们只剩下最后一种办法：完全抛开地球，坚持使用忠实可靠的人造机械来报时。在原子钟于20世纪40年代问世之后，这一想法尤为引人注目。毕竟，物质的基本性质总比太空中一块摇摇晃晃的大石头的自转要可靠一些。

原子钟内的"钟摆"是一颗铯原子，而全宇宙的铯原子的共振频率都是相同的。在原子的时间尺度上，每秒钟的时长都是相同的。

迄今为止最精准的原子钟在150亿年内的走时误差不会超过1秒。顺带一提，这个时间比目前宇宙的年龄还要长十几亿年，所以应该能够满足任何对计时精度的要求。

1972年，位于巴黎郊外的国际计量局改用原子时为新的国际标准("国际千克原器"也被收藏在这里)。该组织目前仍然负责全球范围内的正式时钟校准,它会定期读取世界各地大约70台原子钟的数据,然后将这些数据汇集到一起计算出正式的世界时间,即协调世界时(简称UTC)。这里需要注意的是,凭借物理学家操作有史以来最精准的计时工具而发布的正式世界时是基于计算得出的,而不是恒定不变的"嘀嗒声"。如果你没有养成习惯去校正微波炉上的时间也没有关系,因为世界上根本不存在精准的时钟。

珊瑚的时间

因为珊瑚,我们才知道地球自转在逐渐变慢。

珊瑚是一类海洋生物的聚居地,它们会分泌碳酸钙来构造栖身之所,并最终形成我们所看到的珊瑚礁。单个珊瑚虫会在微观层面上生长出外骨骼,这意味着如果把它们切开,你就能观察到它们在不同季节下的生长模式有何差异,就像观察树的年轮一样。若是仔细观察,你甚至还可以发现珊瑚虫在白昼和黑夜分别具备怎样的生长模式。

2018年,两名美国科学家斯蒂芬·迈耶斯(Stephen Meyers)和阿尔贝托·马林韦尔诺(Alberto Malinverno)意识到,假如他们计算出一整年中不同季节的所有层数,那就可以从珊瑚的生长模式中精准地分辨出它们经历了多少白昼和黑夜。他们在4.3亿年前的珊瑚化石上做了实验,发现那个年代的日历相当奇怪。珊瑚显示那时的地球上一年有420天,而不是365天。对于生活在那个年代的三叶虫来说,等待一次生日可谓是漫长的煎熬。

他们还发现,泥盆纪时期(距今约4.19亿至3.59亿年)的化石显示,当时的一年只有410天。这一时期远在恐龙出现(大约是2.3亿年前)之前,这表明一年中的天数一直在随着时间的推移而变化。迈耶斯和马林韦尔诺计算出,在过去的几亿年中,"一天"的长度大约每年增加1/74 000秒,并且在可预见的未来(指的是几十亿年内),这一趋势还将持续下去。所以不用担心,有的是时间。

等级最高的时钟并不是一座钟,而是一条指令。每个月,巴黎的工作团队都会向每个国家的主计时装置提供必要的信息,以确保这些时钟能够保持一致。他们发送的对象包括英国国家物理实验室、北京无线电计量测试研究所、美国海军天文台等。同样,每一台装置也要向下一级设备传达它们接收到的时间,它们就像是原子世界里的街头宣传员,对着人造卫星、英国广播公司(BBC)的广播和你的手机传达消息。

但是如果要追求完美的话,有一个小麻烦就不得不引起重视——这是随着我们采用能够精准计时的计时工具而悄然出现的小问题。

如果我们完全抛开地球，不再耗费精力将时钟调整到与地球自转同步，那么"一天"的时间将会逐渐拉长。到21世纪末期，正午的时间将会比现在迟将近一分钟。最终，在遥远的未来，地球日和日历日将不再对齐。时钟只会搅乱我们的生活，午餐会在午夜准时供应，猫头鹰会在白天不停地吵闹。现实的时间和我们所理解的时间不再有任何关联。

解决这个问题的方法是设置闰秒——这是官方的时间管理者完全白送给我们的时间，但你可能未曾注意到它的存在。我们都知道闰年的存在，其背后的原因是地球围绕太阳公转一周需要花费365.242 5天（我们在第4章提到过）。英国存在一种有些古老的传统，一个女性可以在2月29日这天向自己的伴侣求婚，而不用被动地等待对方来求婚。闰秒不会让你有充足的时间来做同样的事，不过要是你真的为此烦恼的话，一秒钟的时间倒也足够你说出一句"跟我结婚吧"。但你必须对时间保持密切关注，因为我们的时钟会以不规则的间隔时不时地额外增加一秒钟，这样地球才能追得上它的步伐，并且确保地球时间和日历时间不会有太大差距。

并不是所有人都喜欢这套系统。这些偶然出现的跳跃让时间不再连续，并且有可能会造成复杂而严重的影响。这意味着当你展望未来或是回顾过去时，无法在不参照闰秒时间表的情况下准确地说出那时的时间。这对我们大多数人来说都无关紧要，但是对于那些高度依赖于精准时间测量的系统来说却有可能构成严峻的危险。例如，每当设置闰秒时，空中交通管制都有出现严重漏洞的可能，可能付出的代价超乎想象。

但是对闰秒意见最大的群体是银行家，对他们来说时间就是金钱。为此，我们要回过头来讨论埋在伦敦地下深处的那根奇怪的黑色电缆。

过去总是有一群红着脸大喊大叫的人在华尔街交易所里挥舞着手臂买卖股票，可这样的日子已经一去不复返了，因为这种交易方式实在太慢了。如今的股票市场虽然也有人监管，但却是由计算机运行的。与传统方式下的那些仅凭血肉之躯面对此类工作的交易员相比，计算机的算法可以在他们一眨眼的工夫就完成10笔交易。

赚钱的时候，速度很重要。高频交易商堪称伦敦金融城中的尤塞恩·博尔特，其中有一些会使用非常聪明（狡猾）的方法（把戏）来联络（捕食）其他速度较慢的人。

高频交易的原理是什么呢？

假设你现在走进一家便利店，站在柜台前对店员说，你想要他身后货架上的一瓶包装精美的威士忌。但是你不知道的是，一个高频交易算法正在监听你的行为，并且已经掌握了你的指令。

在你低头在钱包里翻找信用卡的这段时间里，这个算法已经从你身旁快速走了过去，把货架上剩下的同一种威士忌全部买光了。这一操作转瞬间使你刚刚购买的货物（也就是对方已经接收的订单）变成了一种似乎相当紧俏的商品。你从钱包收回视线，抬起头来发现威士忌的价格已经变了，比几分钟前涨了很多。但你现在不能反悔了，因为你已经下了订单，于是你付了比预期更多的钱，抓着钱包、拿着那瓶酒离开了这家店，同时对刚刚发生的事情感到一阵肉痛。在这之后，该算法可以利用你刚刚创造的需求，迅速以虚高的价格出售那一批威士忌。算法并没有生产威士忌，它也不想喝威士忌，它只是在威士忌变得有价值的时候短暂地拥有它，而这种价值来源于你想要喝一口像样的饮料。

当然，我们想要探讨的对象并不是威士忌，也不是便利店。这些算法现在是金融市场上买卖股票、证券和期货的主力。它们工作的速度非常快，在短短零点几秒钟时间里就能处理数千笔交易。

售卖时间的女人

下一页图片中的这位是露丝·贝尔维尔（Ruth Belville），她还有另一个称号是"格林尼治时间女士"。

在 19 世纪，她的父亲继承了一块制作精美的袖珍精密计时表，这块表最初是专门为萨塞克斯公爵设计制作的。1836年，贝尔维尔夫妇凭借这块比其他大多数人的时钟都要精准的便携式计时工具开始创业，他们提供的服务是将其他人的时钟调整到正确的时间。直到第二次世界大战爆发之前，露丝每天都会去格林尼治天文台把自己的手表调到格林尼治标准时间，然后花一整天时间去拜访她的客户，让他们根据自己的手表校时，以此来"售卖时间"。但是在竞争对手圣约翰·韦恩（St John Wynne）开始经营电报报时服务之后，她的生意受到了威胁——这种服务实际上跳过了中间商，可以直接向客户提供更准确的时间。韦恩还做出了一系列行为来诋毁露丝，并且在《泰晤士报》上发表文章指责她"利用自己的女性特质谋取商业利益"。尽管记者四处打听八卦消息，但她还是坚持了下来，并且这项买卖依然红火。最后她还非常有风度地表示，韦恩的小把戏只不过是在免费给她打广告。

2013年，新闻媒体公司汤森路透意外地提前15毫秒发表了一篇报道。该文章包含了一些交易商非常感兴趣的美国制造业

数据，为了公平起见，它本应在上午10点整准时发布。

但是汤森路透的时钟不准。虽然与标准时间相差不大，哪怕时刻紧盯着它的人都注意不到这一细微差别，但这已经足够改变一切了。他们发表的时间并不是上午10点，而是9点59分59秒985，于是监控着汤森路透网站的算法以15毫秒的微弱优势占得先机。在这段时间里（也就是短短的千分之十五秒内），高频算法成功完成了价值2 800万美元的交易。这笔钱能买到很多瓶威士忌了。

这些算法并不受人类监管，它们会自己决定如何进行买卖操作，因此它们有时会偏离正轨。

2010年5月的某一天下午，美国股市由于不明原因在短短半小时内蒸发了一万亿美元。算法将正常的市场波动误判为交易趋势，于是全部跟随了同一波交易潮流，并且使其加速壮大，这导致了道琼斯指数的直线下跌。一小时后，算法终于对新的交易价格做出反应，逆转了交易方向，最终市场几乎完全恢复正常。但是，所有在那天买进或卖出过股票的人，都会被道琼斯指数接近1 000点的波动深深刺痛。

后来，金融监管机构为了弄清楚这场所谓的"闪电崩盘"到底是如何发生的，介入了对该事件的调查，但他们在调查过程中遇到了一个巨大的阻碍。正如所料，交易都与对应的时间相绑定，但是每个人的时钟所设置的时间都略有不同。打个比方，这就像你在便利店购买威士忌的收据上记录的是11点38分，但你的信用卡账单上记录的则是11点37分45秒，看起来就像是你的购买行为发生在威士忌的售卖之前。针对单笔交易来说，这很容易解决；但是当你要拆解的是道琼斯指数某个下午的每一笔交易时，问题就变得棘手起来了。

更糟糕的是，算法只会用最接近的整秒来记录它们完成的交易，哪怕它们可以在一秒钟的时间间隔内操作数万笔交易。这让相关的司法鉴定成为一项不可能完成的任务，就好比让你仅仅通过一大堆杂乱无章的传球数据来看懂一场足球比赛。

没有人能做到这一点，自然也就没有人能确切地锁定导致闪电崩盘的原因，直到今天这也是一桩悬而未决的疑案。监管机构决定通过联合设定时钟来解决类似的问题，他们规定所有参与交易的公司都必须在记录交易时间时精确到微秒级（百万分之一秒），并且每家公司必须确保他们的时钟完全同步。

他们要如何保持同步呢？

答案是一根电缆：在银行和主计时装置之间建立物理连接，也就是说用一条线让银行直接以光速与世界上最精准的原子钟相连。

英国所使用的光纤电缆埋在泰晤士河和伦敦的街道下方，长约20英里（约32千米）。英国国家物理实验室就是现代版的露丝·贝尔维尔，他们向银行家出售电缆的使用权。

埋下这些电缆之后，监管机构长舒了一口气。问题终于解决了，金融市场再也不会出现类似的麻烦了。[①]

银行家仍旧痛恨闰秒的存在。物理学家已经发现，只有在时间上达成一致才能知道现在是几点钟：由大约70个时钟共同确定的原子时需要时不时插入闰秒，这样地球才能跟得上时间的变化。

然而，对于应当在何时插入这一秒，我们至今尚未达成一致。一些公司会在午夜钟声敲响的那一刻在系统时钟中添加一个闰秒，有些公司则是提前一小时插入。还有一些公司，比如谷歌，它们会将闰秒拆分开来，均匀地添加到一整天里。

如果你的工作需要依赖精确到微秒级的时间，这种差异会让你很头痛。因此，未来的时间有可能会发生变化。一场关于闰秒的争论正在悄然展开，未来我们很可能会完全抛弃设置闰秒的方案，转而让原子时成为最终的裁决者。

这就是我们所要谈论的重点。"现在几点了？"这个问题实际上是"我们希望现在是什么时间？"。

"这就是相对论"

我们还要考虑另外一个问题。一旦你把相对论纳入讨论，所

[①] 但其实，除了2010年之外，2013年、2015年、2016年和2019年也发生了闪电崩盘。尽管有人呼吁禁止掠夺性的高频交易行为，但这目前为止仍然是合法的。洗洗睡吧！

有这些麻烦事都不重要了。

　　说到科学界对于时间的理解,爱因斯坦可能是所有人的祖师爷。他对物理学、天体物理学、宇宙学和我们关于宇宙的理解所做出的贡献称得上无与伦比。在20世纪初,爱因斯坦颠覆了当时人们自以为了解的有关时间的一切。他在狭义相对论中揭示了时间本身并不是固定的,而是灵活的,它完全取决于你测量时所在的位置。一秒永远是一秒,但是假如你能在地球表面看到地球轨道上的宇航员所使用的时钟,你就会发现你的一秒钟比他的一秒钟要稍快一些。假如他移动到黑洞边缘,那么在你看来他的时钟就好像是完全停止了,但是在他的眼里,自己的时钟还是像往常一样嘀嗒嘀嗒地走着。有很多书都描述了这种奇异的时间延缓现象,它是物理学中最重要、最难理解的概念之一。不过尽管放心,那些书中并不包括你正在读的这一本。

　　爱因斯坦为我们的故事贡献了一段非常有名的话,尽管这段话有可能并非出自他本人之口,但它却和我们想要表达的意思十分相符:[1]

　　　　当你在一位美女的身边坐上两个小时,你会觉得才刚刚

---

[1] 这段话有很多不同的版本,不过条理如此清晰的名人名言往往都是伪造的。好像是从爱因斯坦的助手海伦·杜卡斯(Helen Dukas)于1929年将这段话透露给记者之后,它就逐渐成为一段传奇。

过去一分钟；但是当你在三伏天的火炉边坐上一分钟，你会觉得已经过去了两个小时。这就是相对论。

要是能在纳秒的尺度上掌握时间，那你就能赚一大笔钱，或是了解时空本身的性质。但是在大多数情况下，大多数人真正关心的都是"今年怎么过得这么快？"、"这场音乐会怎么漫长得像永远不会结束一样？"，或是"我还要在这场会议中煎熬多久？"。

我们和其他所有生物一样，都生活在时间和空间交织的四维世界中：我们感知时间的方式和时间本身一样重要，从我们的角度来看，时间的流逝并非恒定不变。由于地球的运行摇摇晃晃，每一天的长度都在变化。地球上的一秒钟比黑洞事件视界上的一秒钟也短得多。在我们的生活中，时间嘀嗒嘀嗒缓缓向前，微波炉上显示的时间似乎永远都是错的，但是其实我们自己才是最糟糕的计时工具。

生物钟

我们体内存在生物钟，即昼夜节律。这种时钟会根据光照条件发生变化，不过主要还是受我们的大脑和细胞控制。不同的动物有着不同的生物钟，它们有些是夜行性动物，比如猫头鹰、蛞蝓、吸血鬼（参见第123页特别板块），有些是曙暮性动物，比如熊猫、袋熊、幽灵（参见下面的特别板块），其中后者主要在黎明和黄昏时期较为活跃。而人类则是昼行性动物，也就是说我们主要遵循着白天工作、晚上睡觉的模式，这也是我们的生物钟进化的结果。昼夜节律是我们身体内部的一系列生理过程，它会随着时间的推移调节我们的血压（在凌晨2点左右进入深度睡眠时血压最低，在黎明时分醒来时血压则急剧升高）。它决定了我们什么时候精力最旺盛（大约上午10点）以及什么时候身体最协调（大约下午3点），甚至还会安排我们不在晚上排便，而是醒来后再排便。①

幽灵和吸血鬼

从某种程度上说，这两种东西都是存在的。吸血鬼的形象出现在很多文化的民间传闻中，而医学上存在一类真实的血液疾病可以令人信服地解释这种生物的存在，那就是卟啉病。某些卟啉病患者的皮肤上会沉积有毒的化学物质，这导致他们对光极度敏感，甚至在日光下会感受到灼痛。该疾病的其他症状还包括皮肤损毁、牙龈出血并萎缩以至于露出更

---

① 唐纳德·特朗普担任美国总统期间是他发推特频率最高的时间段，并且同时也是他写的错别字最多以及发出的内容最疯狂的时间段，而很多人都在猜测这期间他到底在做什么。2017年的一项研究解释了这一问题，该研究分析了这位时任总统的 12 000 条推文，得出的结论是，他发表那些暴论最频繁的时间确实是在黎明之后。

多的牙齿，以及厌恶含硫量较高的食物（比如大蒜）。

至于出没于黄昏时分的幽灵，那就和我们眼睛的构造有关了。视网膜中把光转化为视觉信号的细胞被称为感光细胞，这些细胞可以分为两种类型。视锥细胞位于视网膜的中心，它能够感知颜色；视杆细胞则位于视网膜的边缘，它负责检测运动和感知黑白。这意味着在较弱的光照条件下，当一件事物从我们视线范围的边角处掠过时，它往往会模糊不清或是缺乏色彩。如果把这一效应与一些在心理上令人毛骨悚然的场景结合起来，比如黄昏时的墓地，那么你的大脑就会想尽一切办法来解释你看到的究竟是什么，这时一个挂在树上的塑料袋就很有可能被你看作女巫的灯笼裤。

我们不会在白天看到幽灵，也不会看到彩色的幽灵，因为我们眼睛的结构决定了这些情况不会发生。吸血鬼从来不会出现在阳光下则是因为他们患有光敏感性皮炎。当然，幽灵和吸血鬼其实并不存在。

由于生物钟会在光照和激素的共同作用下自动调节，因此我们当然无法凭主观意愿来设定它。平均而言，人类的昼夜节律周期大约是24小时11分钟（这因人而异，不同个体之间有可能差异很大），比地球自转一周的时间稍长一些（这里指的是将铁核不规则晃动造成的误差考虑在内的平均值）。不过这并不意味着我们和地球的差异在不断放大，我们对于白昼和黑夜的感觉不会出于这个原因而在几周内发展到与真实情况相差几个小时。这只是意味着我们的身体需要不断调整，以避免出现严重的紊乱。这也是你总会感到疲倦的原因之一：你的生理机能要求你少玩会儿手机，早点儿睡觉。

除了一些相当不自然的极端个例（参见下面的特别板块）之外，我们的生物钟似乎对我们有关时间的感知没有太大影响。事实上，你的身体会在晚上抑制你肠道的活动，在白天使你的感官更加敏锐，但这并不能解释为什么你会感觉到还有那么久才到午餐时间，或是整个上午似乎一眨眼就过去了，然而你本应完成的工作才刚刚开了个头。

在地下生活

人类是社会性动物，并且通常在昼夜循环交替的情况下工作效率最高。而当这种习以为常的状态消失之后，我们的时间感就会陷入混乱。在监狱里，不听话的囚犯通常会被施加单独监禁的酷刑，不过比这更加直观的例子是任性的科学家过于投入工作的情况。1962 年，法国地质学家米歇尔·西弗尔（Michel Siffre）率领一支探险队前往阿尔卑斯山洞里的一处冰川，起初他们打算开展为期两周的考察，之后又将计划更改为两个月。在这段时间里，除了身体的暗示之外，他无法通过任何方式感受时间的流逝。没有时钟、没有阳光、没有月光，他只会偶尔与守在洞穴入口附近的同事进行交流（但是这些人不会主动联系他），因此这些人也不会无意中给他提供与时间相关的线索。他在那里阅读柏拉图的著作，想睡就睡，想醒就醒。西弗尔于 7 月 16 日进入洞穴，之后在 9 月 14 日离开洞穴，但他自己却认为那天是 8 月 20 日。

他不是唯一发起这种挑战的人。1989 年 1 月，洞穴探险家斯特凡尼娅·科利尼（Stefania Collini）在新墨西哥州的地下深处开始了为期 130 天的单独监禁。她住在一个美国航空航天局专为隔离实验设计的玻璃盒子里，接触不到外界的时间，只有一些青蛙、蚱蜢和两只名叫朱塞佩和尼科莱塔的老鼠相伴。根据科利尼的报告，她的昼夜节律周期一开始扩大到了 28 小时，最后甚至扩大到 48 小时。当她于 5 月 22 日从那里出来的时候，她还以为那天是 3 月 14 日。

这类研究并不多，因为只有足够疯狂的人才会去尝试，但是有些人会在极端情况下遭受长时间的单独监禁，而他们的昼夜节律周期最终都会稳定在 48 小时，并且最终在离开时都会大大低估自己经历的时间。迄今为止，我们还未探明这种现象背后的成因。

正常情况下，如果让一个人在心中默数一小段时间，比如5秒钟，他们估算的结果通常会很准确，大约与正确的时长只会相差1%左右。但是有一些特定的障碍会对准确性产生很大的影响，其中最显著的就是精神分裂症。一些研究表明，精神分裂症患者会明显高估流逝的时间，其中一项研究发现该人群默数5秒钟的平均时长超过8秒。无论是从行为上还是从神经科学机制上来看，精神分裂症都是十分复杂的，它会影响大脑的很多不同的部位，这导致我们难以凭借脑化学来解释它。生活在这样的世界中一定很痛苦：我们对时间的感知与事物的因果关系有关，而精神分裂症弱化了两者之间的联系。有一种理论认为，正是这个原因导致了精神分裂症患者会以常人难以理解的方式将某些想法和行为联系起来。

所有的知觉都发生在黑暗的大脑深处，外面包裹着厚厚的颅骨。往这个没有光照的地方输入的信息可能会是视觉、触觉或是嗅觉等形式的，但它们需要经过处理才能转化为想法和经验。时间延缓的秘密源自人体内部，爱因斯坦的"火炉效应"在现实世界中真的存在。

持续停留的河马

我们的大脑扭曲了时间。为了证明这一点，科学家在2004

年设计了一项实验，他们找来了4名志愿者，并且向这些人展示了史上最无聊的幻灯片。屏幕上会依次显示10个圆圈，其中几乎每页幻灯片都一模一样，只有一页不同，其内容是一个慢慢扩大直到填满整个屏幕的黑色圆圈。

在整个幻灯片放映的过程中，研究人员会向这些被试者提问：你们认为每页幻灯片放映了多长时间？哪怕是在第一个样本量只有4个的实验中，他们的回答也反映了人类的思维时钟是相当灵活多变的。到目前为止，已有数百人参与过此类实验。每次实验在屏幕上展示的图像都不尽相同，如：

鞋子、鞋子、鞋子、花、鞋子、鞋子、鞋子

杯子、杯子、杯子、杯子、河马、杯子、杯子

但是实验的结果都是相同的。几乎所有的志愿者都确信，那页特殊的幻灯片在屏幕上停留的时间是最长的，而实际上每页幻灯片放映的时长完全相同。我们的大脑对于新奇的事物往往更加敏感，它会认定异常现象的持续时间比其他单调重复的现象要长得多。当一些奇怪的事情发生时，时间似乎变慢了。研究者将这种现象称为"扩大的新异刺激引起的主观时距扩张"——这个名字起得像一张概念专辑的名字似的。

新奇的现象并不是时间发生扭曲的唯一因素：对奖赏的预期

也会使新异刺激的时距扩张效应增强。在所有图像的放映时间完全相同的条件下，当研究人员会根据被试者的回答给被试者评分时，被试者会认为新异图像持续时间更长。

另外，大脑扭曲时间的程度也受饱腹程度的影响。心理学家布赖恩·普尔（Bryan Poole）和菲利普·盖布尔（Philip Gable）设计了一个实验，他们让参与实验的志愿者观看一系列不同的图片，这些图片的持续时间只分两种：短时间和长时间。他们对被试者分辨不同时长的能力进行了训练，让他们一张接一张地观看图片，这些图片显示的时长分为400毫秒和1 600毫秒两种（也就是略短于半秒和略长于一秒半），直到他们能够区分这两个时长。之后，他们再让被试者观看另外一批新图片，其中包括中性的物体（比如几何图形）、美观的物体（如漂亮的花束）以及非常吸引人的物体（比如一些非常美味的布丁）。正如训练时的情况一样，这些图片在屏幕上会显示400或1 600毫秒，而被试者所要做的就是判断哪些是短时间图片，哪些是长时间图片。

无论这些图片出现的时长是多久，被试者都坚信包含布丁的图片一定都是短时间图片。看着美味的布丁实际上会让时间过得更快。被试者越饿，他们越有可能认为那些令人垂涎欲滴的图片持续时间更短。

在普尔和盖布尔的实验中，志愿者都是心理学专业的本科生。这类人群往往是供职于高等院校的心理学家招募的对象，他们人数众多，并且很容易被收买。①在有的心理学实验中，参与者会得到（急需的）课程学分，或者（更加需要的）金钱奖励，而在这个实验的下一阶段，参与的学生则获得了美味的甜品。

这些学生被分为两组。第一组学生看到了36张美味布丁的图片，他们需要猜测其中每张图片在屏幕上出现的时间；第二组学生除了完成上述内容之外，还被告知实验结束后他们都可以吃到这些布丁。

那些得到许诺可以吃到布丁的学生觉得整个实验进行的速度比那些只能对着照片流口水的学生要快得多。②当你仅仅只是心情愉悦的时候，时间好像只会略微加速一些；但是如果有人许诺让你吃布丁，那么时间就会过得飞快。

爱因斯坦的那段话几乎完全正确，不过我们要根据上述结论对其略加改动：

> 现在你坐在一条长凳上，面前走马灯般晃过各种无聊的事物，偶尔会出现美女、帅哥或是美味的布丁。如果你很想与这些美女和帅哥交谈，或是很想吃到那些布丁，并且真的

---

① 因此，我们这些人对心理学专业本科生的了解可能比地球上其他任何其他群体都更多。看在科学和全人类的份上，我们希望该研究对象是相对比较正常的人群。
② 当然，最后这两组学生都如愿吃到了布丁。科学家可不是魔鬼。

能够如愿以偿的话，时间就会飞速流逝。但是如果出现了什么非同寻常的东西，比如一头河马，时间似乎就会慢下来。当然，坐在火炉边上仍然不是明智之选。

从高空坠落

你或许有过这样的经历：闷头玩了一会儿电子游戏，结果抬头看了一眼时钟，发现已经过去了几个小时。这就是前文所说的，当我们被想要的东西所激励时，我们的大脑会使时间加速流逝。用程序员和技术宅的话来说，我们扭曲的时间感知回路很可能是一个优点，而不是程序错误。也许它能够说服我们花费更长的时间去寻找食物、水、金币或城堡里的公主，也许在我们追求目标时，如果时间看起来过得很慢，这些目标就没有那么吸引人了。我们能够想到最贴切的说法就是，这种时间扭曲似乎是一种应对挫折的手段，在我们寻找非常渴望或是真正需要的东西（毕竟所有人都必须得吃东西）时，它可以通过缩短预期时间来帮助我们达成目标。

如果像这样摆脱时间的束缚确实是一种有助于我们生存的优点，而不是系统中的漏洞，那么与之相反的效果可能同样存在。当你不喜欢的事情即将发生的时候，时间也会扭曲吗？我们在审视"永生"这一人类普遍的追求时，就可以找到与这个问题相关的线索。

人们经常会说，在某个痛苦的时刻，他们感觉到时间突然变慢了，眼前的世界好像变成了电影中的慢动作，自己忽然之间可以看到或是体验到很多正在发生的事物。这种现象被称为精神活动过速（tachypsychia），由于新闻报道中经常出现此类奇闻逸事，因而科学家试图检验、理解这一现象并提出合理的解释。有一种说法是，我们的大脑意识到危及生命的情况正在发生，所以我们需要分配更多的资源来尽可能多地获取信息，以便为逃出生天做好准备。

光阴似箭

亚当：我在通过驾驶资格考试后不久遭遇过一次车祸，那时我才 17 岁。当时我停在路口等待右转，突然一辆汽车以 40 英里（约 60 千米）每小时的速度从后面撞上来。没有人受伤，但是两辆车都报废了。我清晰地记得自己在短短几毫秒的时间里思考了三件事：（1）看着后视镜，"那辆车应该停不下来了"；（2）"如果我死了，妈妈一定会非常生气，她以后再也不会让我的弟弟们开车了"；（3）"天呐，我的脑浆都溅到挡风玻璃上了"。幸运的是，那并不是脑浆：当时我正在从奶奶家回来的路上，车上带了一些准备用来给妹妹做生日蛋糕的覆盆子。在撞车的过程中，它们从副驾驶座位摔到了玻璃上，红色的汁液在那一瞬间看起来就像鲜血一样。跟其他经历过这样的创伤场景的人遇到的情况一样，时间好像变慢了，因为在这么短的时间里，我的大脑处理的信息似乎比平时多得多。我预料到车祸即将发生，并且带着愧疚的情绪想着这件事会对我的家庭有何影响，同时还像恐怖电影里一样思考着我是不是已经死了。当然，我的妈妈没有为此生气，反而是因为我没有受伤而松了口气。但是我妹妹的生日蛋糕上就没有新鲜覆盆子来点缀了。

汉娜：那还是我读本科的时候，有一天晚上我走在回家的路上，正当路过伦敦市中心的国王十字车站时，我看到一场激烈的街头斗殴蓄势待发。在这种情况下，最好的做法是转身走开，或是偷偷藏起来。我选择了后者，溜进了一家烤肉店以摆脱麻烦。然而事实证明，这是一个糟糕的选择，因为争吵蔓延到了这家烤肉店。更可怕的是，这场冲突升级了，有人拔出了刀，刺伤了我面前的一个人（幸运的是，我后来发现他的伤势并不严重）。在这危及生命的暴力时刻，时间是否为我放慢了脚步？很不幸，没有。我那天之所以提前回家，是因为我的隐形眼镜掉了出来，当时我根本看不清带血的东西，更别说是眼前那可怕的一幕了。看来精神活动过速与视力有很大关系。

第 5 章　时间简史　133

但是出于某些原因，这一说法难以证实。首先，在此类事件发生后，我们可能会把时间变慢归因于我们获取了比平时更多的信息，而处理这些额外信息最好的方式就是说服自己时间本身被扭曲了。其次，我们目前还不能确定，事故中的时间延缓到底是原因还是结果。我们到底是为了处理更多的信息才需要经历慢动作，还是因为正在处理更多的信息才经历了慢动作？

这些问题都很难深入研究，尤其是考虑到这类实验会涉及真正的危险情况，相比于向学生提供免费布丁，涉及这些危险情况的实验很难得到科学伦理委员会的许可。不过神经学家戴维·伊格尔曼（David Eagleman）却真的设计出了一个实验。他的团队制作了一台非常简陋的计时器，本质上类似于一种儿童玩具：有一张牌子，一面印有一只鸟的图片，另一面是一个笼子，如果这块牌子旋转得足够快，你的大脑就会把两侧的图片融合在一起，看起来就像小鸟坐在笼子里一样。伊格尔曼的实验装置则做成了腕表的样子，表盘在两幅像素化的图像间来回闪烁：一幅是黑色背景中的红色数字，另一幅则是红色背景中的黑色数字。当闪烁频率较低时，我们很容易就能判断出上面显示的是什么数字。但是一旦闪烁频率过高，你的大脑就会把这两幅图像结合在一起，使得你无法看清数字，只能看到一个布满红色和黑色斑点的屏幕。

伊格尔曼说服了一些志愿者把这种计时器绑在手腕上，将数字的闪烁调节到人在正常情况下无法读取的频率，然后再把他们从16层楼高的地方扔下去。

更准确地说，他把志愿者带到了达拉斯的一个游乐园，那里有一座游乐设施会让人从31米高空直接坠下，之后掉到一张大网里。该项目并不提供蹦极用的弹力绳：这是一次真正的自由落体，全程大约持续2.5秒。伊格尔曼认为，如果有关精神活动过速的假设是正确的，那么被试者的大脑就会飞速运转，在这两秒半的极度恐惧中看清计时器上的数字。

结果怎么样？数字仍然很模糊，所有实验参与者都没能看到它们。诚然，有一位女士全程都紧闭着双眼，但即使剔除这个样本，计时器上的数字闪烁的频率对于其他志愿者来说还是太高了。所有的参与者都认为，他们感觉自己坠落的时间比实际花费的2.5秒要长得多。研究人员要求他们在脑内回放之前的经历，同时掐着秒表计时，结果他们估算的平均时间大约比实际时间超出三分之一。被试者的大脑认为时间变慢了，这让他们拥有更多的时间来理解坠落时发生的事，但他们似乎都没有在坠落的过程中获得任何超自然的力量。

这听起来似乎有些矛盾，但也有一个解释。如今的观点是，我们的时间感知会根据大脑工作负荷的变化而发生不同程度的扭曲。

摔倒或是遇到某些戏剧性的事件时，你会对周遭的环境高度敏感，大脑也会记录下更多记忆。当你在事后向前回顾，试图在脑海中重建那段经历时，所有这些额外的信息会让你的大脑相信，这件事的持续时间比真实情况更长。发生扭曲的是你对时间的感知，而不是时间本身。

这是因为，我们的神经元没有改变自然规律的能力，但是我们的大脑从根本上改变了我们对现实的看法。危险或是兴奋的刺激会激活我们的大脑，使其在特定情况下记录更多信息。我们需要凭借大脑才能构建现实，而正是大脑的工作机制让我们拥有了扭曲时间的技能。

不难想象，这种扭曲时间的能力应该是从我们的祖先身上进化而来的，它使我们能够更加迅速地想出规避危险的策略。不难想象，这种能力并非人类所独有。对于猫、鸟、瞪羚等各种动物来说，拥有可以在危险时开启的超级警报模式同样是一件好事，而这很可能意味着这种扭曲时间的能力来自远古以来的进化过程。但我们才刚刚开始在人类身上进行实验，并且目前还不知道要怎么在猫、鸟或是瞪羚身上开展同样的实验。也许，现在正在阅读本书的某位读者有一天会构思出一个巧妙的实验来实现这个目标，并且发现扭曲时间的能力并不是人类所独有的。

在时间的长河中遨游

时间是一种物理学性质，与空间密不可分。行星和恒星的运行很有规律，我们可以追溯它们数千年前的运动，也可以预测其未来几百万年的运动。从这个意义上说，我们生活在一个发条般的宇宙中。宇宙并不完美遵循运行规律，但天体运行的不规律之处也有章可循。地球绕轴自转带来了昼夜交替，绕日公转带来了年复一年。地球的公转轨道在其他天体的引力影响下发生扭曲，自转姿态也由于其内部熔融金属核心的晃动而东倒西歪。这些因素让地球无法精准地计时，于是我们放弃了凭借天空来确定时间，转而将目光投向原子，并且让原子来决定一秒钟到底是多久。

虽然我们制造出了如此精确的时钟，在宇宙整个生命历程中的误差不会超过1秒，但时间的长河中还是存在缺陷，那就是我们自己。我们人类是这个发条宇宙中的异类，在快乐、伤痛、意外、孤独、新奇甚至金钱的驱使下，人类的思维具有改变时间的能力。我们的大脑处理时间的方式与我们正在做的事情高度相关，无论这些事是愉快的、无聊的、痛苦的还是危及生命的。对我们来说，时间的流逝并非一成不变。无论我们造出的时钟有多么精确，我们对时间的感知都是主观的，取决于我们在不同情况下的心理状态。我们的所感知到的不只有时间，还有光亮、味道、气味以及每一种输入我们大脑深处的信息。感知让我们的生命多姿多彩。

本书的作者都是科学家，因此我们认可这样的观点，即存在一个非常真实的宇宙，它由物质组成、受规则约束，这些规则在最基本的层面上是毫无转圜余地的。

但我们同样也是人，所以我们也会在自己的大脑中感知宇宙，而大脑中充斥着各种各样的怪癖和偏见，不仅包括为了帮助我们适应这个世界而进化出来的行为，也包括同样的进化过程中衍生出的其他奇怪的行为。我们的脑海广阔无垠，它可以吸收知识、解释事实、处理问题、过滤信息，有时也会否认现实。说白了，人类是一种奇妙的生物，我们的发明和知识可以超越时间和空间的限制，但同时我们身上也存在严重的缺陷，特别是在看清这个宇宙的真实面貌有多么神奇之后，我们会发现自己实在是不值一提。认识到这一点，就是我们迈向真知的第一步。

第 6 章

生而自由

这本书里满是有关起源的故事,大爆炸、行星、神和怪物,也包括生命本身,这些故事的内容都是关于我们如何一步步变成了今天的样子。这种通过回顾历史来了解自身的习惯深深根植于我们的文化当中,我们通常会用这种方式来理解故事中的某个角色。以勇敢的简·爱为例:她是孤儿,小时候受到过虐待,长大后的她在自由感的驱使下获得了极为独立的性格,却总是爱上外表英俊的浑蛋。[1]如果不了解简·爱的成长经历,你就不会理解她为何是这样一个人。在现实世界中,有一个名叫马拉拉·优素福扎伊(Malala Yousafzai)的姑娘经历了一段令人震惊但结局美好

---

[1] 我们不是文学评论家,对于《简·爱》的评价也许并不准确。也许我们还得找我们的中学语文老师基钦先生和科比特女士再温习一遍。

的故事。时年15岁的她因为呼吁女性受教育权而经历了一场恐怖袭击,塔利班恐怖分子开枪击中了她的头部,但她后来奇迹般地康复了,并且继续为女性教育事业奉献力量,最终在2014年成为有史以来最年轻的诺贝尔奖得主。还有一个小男孩,他的父母在一条幽暗的小巷里被人当着他的面残忍杀害,这种愚蠢的暴力行为驱使他打扮成一只巨大的蝙蝠,将那些耀武扬威的轻刑罪犯打得屁滚尿流。仔细一想,好像还是马拉拉的故事更值得当作榜样来宣传。

我们的生活大步向前,我们的认知却往往滞后。历史取决于事件发生的顺序,宇宙中的偶然事件决定着必然的结果。因为猫把玻璃杯从桌子推到地上,所以玻璃杯摔碎了。但是玻璃杯摔碎不可能发生在猫把它推到地上之前,因为时间之箭只会朝着一个方向一去不返。原因必然发生在结果之前。

然而,这一不容置疑的事实引出了一个微妙却重要的问题。每当回首过去,我们都很清楚每个结果都有其原因。但是在展望未来时,我们却并不觉得我们的行为与过去的事件有所关联。我们会觉得自己摆脱了过去的束缚,可以完全自由地选择未来的道路。这两种感觉都是对的吗?

那只猫一定会打碎玻璃杯吗,还是说这件事原本可以避免?杀死布鲁斯·韦恩的父母一定会促成蝙蝠侠的诞生吗?阅读这本书是你做出的选择吗?你一定会在网络平台上为这本书打出五星好评吗？难道我们只是被宇宙的无形之手随意摆布的提线木偶？宇宙的力量是不是远远超出了我们的理解范畴，因此我们永远也不可能掌控它？

在这本书里，我们不会回避重大问题。我们并非孤立无援：在过去的几千年中，亚里士多德、柏拉图、笛卡儿、孔子、萨特、巴特·辛普森①等一众哲学大师一直致力于有关自由意志的问题，他们一直是我们的坚强后盾。我们喜欢在严肃话题的边缘来回试探，所以我们的故事会从一个历史上的小角色开始，他的思考对于我们认清人类的命运至关重要。

19世纪的比利时天文学家阿道夫·凯特莱（Adolphe Quetelet）是个数据狂，他针对不确定性对人类生活产生的影响展开了研究并积累了大量数据。通过收集全国范围内的犯罪记录，凯特莱成为第一批将自然科学的研究手段应用到复杂多变的人类行为上的人。他从这些数字中发现，我们人类的行为比预想中的要容易预测得多。

凯特莱（他出生于当时隶属法兰西共和国的根特）在查阅法国多年以来的犯罪记录时，惊奇地发现这些记录一直没有发生什么变化。无论法院和监狱有何举措，每年法国各地区的谋杀、强

---

① 参见动画片《辛普森一家》第一季第二集"天才巴特"。《瑞克和莫蒂》也许会是个更好的例子，它以动画的形式质疑了自由意志的本质，尤其是在"同化爱人自动化"这一集中。

奸和抢劫案数量都差不多。凯特莱认为"犯罪的重演存在一种可怕的精确性"。就连罪犯选择的杀人方式似乎都是一成不变的：每年选择用枪、剑、刀和拐杖杀人的凶手数量几乎相同。"我们事先已然知晓，"他接着提出，"有多少人的手上会沾染其他人的鲜血，有多少人会造假，又有多少人会投毒。"

如果凯特莱是对的，那么人的行为的确是可以预先确定的。果真如此的话，我们还能坚称自己拥有自由意志吗？这个想法相当烦人，尤其是放在犯罪的语境下。如果凯特莱所说的"在观察扩展到大量个体后……人的自由选择消失了"真的成立，那么当一个人触犯法律时，你要如何证明惩处他的正当性呢？如果犯罪行为无论如何都会发生，你又怎么能指望通过宣扬道德准则和提倡良好品行来改善社会呢？

这些问题令人不安，又难以回答。我们确实感觉自己拥有自由意志，但我们要如何确定这一点？我们怎样才能确定一个人具备能动性？

显然，有些行为是不受我们控制的。新生的婴儿会像钳子一样紧紧抓住头发、衣服或是其他任何能够接触到的东西，尤其是当他认为自己要从某处坠落的时候。这种本能是与生俱来的，甚至孕期5个月左右的胎儿就已经开始练习握紧拳头的动作了。自打出生开始，婴儿就会出于本能地吮吸乳头。四处转头去寻找鲜美的母乳是一种叫作"觅食反射"的行为。我们尚且难以克服自己的本能反射,更不用说刚刚出生一周的婴儿了,这对他们来说完全是不可能的。

类似的反射并不是只在婴儿身上发生。如果你的髌腱(即膝盖与小腿胫骨之间的肌腱)受到猛烈的撞击,那么你的小腿就会不由自主地踢出去;如果有人在你的眼睛旁边突然打响指或是拍手掌,你会情不自禁地眨眼,然后感到恼火——这是理所当然的。

所有动物身上都存在这种本能行为——这是它们无法选择不做的事情,我们称之为固定行为模式。在水中从侧面触碰一条鱼时,它会感知到轻微的压力变化,于是它几乎必然会弯曲成C形,扭动着身躯快速游开。灰雁妈妈发现有蛋从窝里滚出来,就会用脖子和喙将其拱回安全的地方。这种行为根植于它的脑海深处,哪怕你在它的巢穴附近放置一个形似鸟蛋的物体,包括但不限于高尔夫球、圆溜溜的门把手,甚至是比鸟蛋大得多的排球,灰雁妈妈也会做出同样的反应。它的行为根深蒂固到,哪怕你在它试图拯救鸟蛋的时候把鸟蛋拿走,它还是会以同样的行为模式,朝着原本鸟蛋的位置继续摆动脖子和喙。

这些动作都不是动物可以凭借意识控制的,而是为了保护幼崽健康成长而进化出来的行为,毕竟保护幼崽健康成长就是进化的意义。如果我们把人类能动性的问题暂且搁置一旁,转而开始观察动物世界的自由意志,就能发现一件非常有趣的事情:一个物种的进化往往会利用其他物种在能动性上的缺失。

有时，动物进化出来的技能只是一种简单的拟态伪装。蚯蚓听到鼹鼠在泥土里挖掘的声音之后会立马爬到地面上，这样可以躲过天敌的捕猎。狡猾的海鸥识破了这个把戏，并且想出了应对策略：它们会用脚轻拍地面，诱使蚯蚓爬出地面，然后美美地饱餐一顿。

然而，有些动物之间的交流和互动就没有这么简单，会更加阴险一些，涉及强行剥夺其他动物能动性的行为。猎物被寄生虫施加了咒语，在其驱使下执行它们的指令而不顾自身的求生本能。我们将此称为"以催眠施行的精神控制类僵尸化黑魔法"，这可是我们独创的称谓。

以催眠施行的精神控制类僵尸化黑魔法

伟大的生物学家E. O. 威尔逊（E. O. Wilson）认为寄生虫是"以小于一个单位的猎物为食的捕食者"。这些生物生活在宿主体内或是体表，食用宿主的肉体，或是在它的内脏中产卵，这样做会对宿主有所损伤，不过不一定会致命。寄生虫分为很多种，但在讨论有关自由意志的问题时，其中的一种会显得非常重要，它有可能会驱使宿主按照寄生者的意愿行事，这也是我们提出"以催眠施行的精神控制类僵尸化黑魔法"这个名字的原因。

例如，有一种相当漂亮的黄蜂，长着明亮的翠绿色身体，它进化出了一种对蟑螂进行催眠的邪恶力量。这种黄蜂叫作"翡翠蟑螂蜂"，真是个毫无创意的名字。尽管它比自己的猎物小得多，但是这种黄蜂会直接刺入蟑螂的大脑，向其注入一种会引起兴奋的神经毒素，在不知不觉中蛊惑可怜的受害者。然后，黄蜂会咬下蟑螂的触角，再抓住其中一个触角的残根，把它拖回自己的蜂巢，就像用绳子牵着狗一样。一旦黄蜂将猎物安全带回巢穴，它就会在虽然还活着但已经完全成为僵尸的蟑螂的腿上产卵，产卵期约为5天。在翡翠蜂的幼虫孵化出来时，蟑螂仍未死去，这些幼虫会钻进蟑螂的腹部，以它的内脏为食，直到化为美丽的成虫之后钻出蟑螂的尸体。

大自然是残酷的，充斥着尔虞我诈的狡猾行径。也许我们会认为自己的物种能够凌驾于这些现象之上，不过这些寄生的恐怖故事并不是完全跟我们无关。

其他以催眠施行的精神控制类僵尸化黑魔法实例

与其说大自然残酷，倒不如说它是对苦难漠不关心，并且具备永不枯竭的创造力。除了翡翠蟑螂蜂之外，类似的会对宿主"施咒"的可怕寄生虫数不胜数，这些是我们最喜欢的研究对象（因为它们足够可怕）。

第6章 生而自由

蹦迪的蜗牛：如果你碰巧遇见一只琥珀螺蜗牛，看到它的眼睛闪烁着缤纷的色彩，请不要怀疑你的眼睛。它感染了彩蚴吸虫属寄生虫（*Leucochloridium paradoxum*），这种寄生虫会爬进蜗牛的眼柄，然后在里面欢脱地跳动，让眼柄看起来就像是一对柔软多汁的毛毛虫。寄生虫在进入眼柄之后会立马释放一种毒素，驱使蜗牛迷迷糊糊地爬出藏身处，昂首挺胸地来到开阔的地方，这时它的眼睛就成了鸟类觅食的信标。鸟吃下蜗牛之后，寄生虫会在鸟的胃里繁殖，虫卵随着鸟粪一起被排出体外，之后下一位即将惨遭毒手的蜗牛又会吃下新生的虫子。一种动物为了被吃掉而假装成另一种动物的过程被称为"进攻性拟态"，不过我们觉得这个名字还是不足以体现这一策略的可怕。

铁线虫：这种令人厌恶的虫子大约有 350 种，它们大多以蟋蟀为食。铁线虫需要在水中繁殖，但蟋蟀根本不是水生动物，它们一生都不会尝试游泳这项运动。然而，当铁线虫在蟋蟀的肚子里生长时，它会释放一种化学物质，使蟋蟀克服原本对水的恐惧，从而溺水自杀。在蟋蟀自沉于池塘或是水坑之后，长达12英寸（约30厘米）、缠成一团的铁线虫就会出现，它的英文名（the Gordian worm）来自希腊神话中没有绳头的"戈尔狄乌斯之结"。这些虫子会在水中产卵，然后被蚊子的幼虫吃掉，蚊子的幼虫又会被蟋蟀吃掉，而蟋蟀根本不知道刚刚吃完的这顿饭里有毒，于是便稀里糊涂地丢了性命。

寄生并阉割螃蟹的藤壶：这种藤壶的雌性幼体在找到一只青蟹之后就会在它身上安顿下来，最理想的位置是刚毛的底部。之后，藤壶会把尖锐的触手伸进螃蟹体内，最终截取它所有的营养。螃蟹停止了蜕皮，因为蜕皮会使藤壶脱落，而这些身着重甲的宿主也开始只对藤壶喜欢的食物有胃口。雌蟹的卵巢将会萎缩，它们也会停止产卵，继而成为藤壶卵的终身保姆。藤壶的雄性幼体会钻进螃蟹的"育儿袋"并使卵受精，这一过程会持续到螃蟹终身（差不多两年）。如果藤壶幼体附着在雄蟹身上，它就会对雄蟹进行阉割，使其向雌性演化，最终的结果也没什么不同。这类藤壶属于一类名为"寄生阉割者"的群体，而"寄生"和"阉割"这两个词本来不应该同时出现的。

精神控制蚂蚁僵尸的真菌：在亚马逊热带雨林中，离地刚好25厘米高的地方生活着一种蚂蚁，它们表面上看起来

> 很有活力，但其实它们从肉体到精神都受到了偏侧蛇虫草菌（*Ophiocordyceps unilateralis*）的控制。蚂蚁一旦在随着蚁群一同觅食的过程中感染这种真菌，就会失去理智，成为行尸走肉。真菌会在蚂蚁的身体内繁殖并形成错综复杂的网络，以此控制蚂蚁的行为。之后，蚂蚁会走出巢穴，爬上一棵植物，一直爬到 25 厘米的高度，不多不少，并且在那里用颚咬住一片叶子，挂在叶子的底部。这里的高度和湿度条件十分适宜真菌的生长，但并不适合蚂蚁生活。真菌会在蚂蚁头部长成凸起的形状，末端有一个球状物，里面全是孢子。球状物在几天之后就会破裂，而因为这一切都发生在蚁群经常活动的范围内，所以它喷出的孢子会撒向下面经过的蚂蚁，又有新一批不幸的蚂蚁接下来即将成为僵尸。动物是否有自由意志？这很难说，但我们相当肯定的是，这一定不是蚂蚁想要的生活。

例如，弓形虫只能在猫的肠道中繁殖，这就给这种单细胞生物带来了一道难题：如何从一只猫的肠道进入另一只猫的肠道。寄生虫想出了一套有三个步骤的解决方案。第一步，弓形虫会藏在猫的粪便中，并随之一同从猫的体内被排出。接下来，粪便会经过一系列过程进入老鼠体内，这一步该如何实现就交由各位读者尽情发挥想象。一旦寄生虫进入老鼠体内，它就会随着被猫吃下的老鼠一起再次回到猫的体内。寄生虫需要采取一些非常狡猾的诡计才能促成最后这一步,因为猫很喜欢老鼠,但老鼠却不喜欢猫。

通常情况下,谨慎的老鼠不会待在开阔的地方。如果把老鼠放到一个大房间里,它往往会沿着房间的边缘乱窜。如果在这个房间的某个地方泼一摊猫尿,那么老鼠就会小心翼翼地避开那里,因为对它来说闻到猫尿的气味意味着即将大难临头。然而,感染了弓形虫的老鼠却会做出截然不同的行为。即使把猫尿泼在房间中央的空地上,老鼠也会直奔猫尿而去。这种寄生虫让老鼠克服了对暴露身形以及对天敌气味的天然恐惧。猫尿对感染了弓形虫的老鼠的吸引力远不止如此,感染后的老鼠甚至会对自己的天敌萌发性冲动:实验表明,闻到猫的气味后,在被感染的老鼠大脑中,那些即将发生性行为时得到激活的神经元会持续受到激发。我们不知道如果足够接近的话老鼠是否真的会尝试与猫进行交配,因为猫肯定不会有这种想法。

但是爱猫人士要小心了。弓形虫改变思维的能力并不局限于诱使老鼠萌生旺盛的性欲。人类在处理猫的粪便时,甚至是接触猫排过便的泥土或垃圾堆时也有可能感染这种寄生虫。虽然这往往只会带来轻微的流感样症状,但是其后果实际上相当危险,尤其是对孕妇而言。大多数受感染的人甚至都不知道自己体内存在弓形虫,哪怕这种寄生虫有能力改变他们的行为。弓形虫对人的

第 6 章 生而自由 149

影响有很多种不同的表现，包括令男性更善妒、更多疑、更粗暴，令女性在聚会上更合群、更热心、更风趣。不过应该指出的是，人体对弓形虫而言是一条死胡同，因为它们无法在我们体内繁殖，而且无论我们有多么热心或是多么善妒，我们的尸体被猫吃掉的概率都非常低。

还有一些其他的疾病也能改变人类的行为，其中有一些会让我们产生很高的社交热情。2010年的一项研究表明，携带某种流感病毒的人在接触病毒后的48小时内会在社交上投入更多精力，这可能会给病毒带来更多感染其他人的机会。可是，仅仅为了研究人们会不会更想参加聚会就故意给他们传染上流感这件事，几乎违背了所有的道德准则，所以研究中的被试者都只是被注射了无害的疫苗。结果显示，他们确实倾向于和更大规模的人群待在一起。我们不知道这种影响是否真的是由感染引起的，可能是人们在接种疫苗之后感觉自己更合群了，但同样也有可能是病毒拥有驱使我们前往酒吧的力量。

狂犬病是一种通过咬伤传播的疾病，它会导致狗极具攻击性，并分泌大量唾液，而对一些人也会造成类似的影响。甚至脑瘤也和人格改变有关（参见第151页特别板块）。我们真诚地希望各位读者不会罹患上述任何一种病症。然而，由于弓形虫病和流感更加常见，而且携带弓形虫或是流感病毒的人中有相当一部分都是无症状的，可能正在阅读本书的读者当中有些人的行为已经在病原体的干扰下发生了轻微的变化,但他们自己丝毫没有察觉。我们不可能知道,愤怒、嫉妒以及忍不住在卡拉OK练歌房里大声歌唱的强烈欲望是你的自由意志,还是你已经神不知鬼不觉地遭受着某种不起眼但威力强大的黑魔法的控制。

当然,我们总是感觉一切尽在我们掌握之中——如果你想握紧拳头、多吃一块蛋糕,或是拍拍自己的脸,你马上就能做到。可无论从直觉上说自由意志有多么真实,它的表面背后也无疑存在破绽。我们知道有些行为是我们无法控制的,我们也知道有些生物可以凌驾于其他生物的能动性之上,而且我们自己的某些行为就有可能是由我们携带的病原体或是大脑中的物理变化造成的。既然我们的能动性需要画上一个问号,那我们又怎么能确定自己时时刻刻都拥有自由意志呢?我们能确保自己不是受到神秘力量摆弄的提线木偶吗?也许我们只是意识不到绳子的存在呢?20世纪80年代,一项广受赞誉的试验似乎得出了这一结论。然而,正如许多有关人类行为的研究一样,试验结果的颠覆性在一开始并没有直截了当地表现出来。

你对自己大脑的掌控程度有多高?

在头痛发作之前,查尔斯·惠特曼(Charles Whitman)是个非常正常的人。他曾就读于得克萨斯大学机械工程专业,喜欢空手道和水肺潜水，并且在恋爱5个月后迎娶了自己的初恋女友。正如一家报纸在标题上所说的，"人人都喜欢他"。

1965年，24岁的他从海军陆战队退伍之后，开始出现严重的头痛。"剧烈而可怕"，惠特曼这样描述道。伴随着头痛一同到来的是连他自己都无法理解的强烈的暴力冲动。在去世之前的1年里，他至少看了5名医生和1位精神病专家。1966年7月31日，查尔斯·惠特曼写下了这封遗书：

> 我不太明白自己为什么要写下这封信。这些天，我完全不能理解我自己。我原本是一个正常的小伙子，聪明而理性。然而，最近（我不记得是什么时候开始的）我总有一些不正常甚至极端的想法，我的思维开始无法集中，我需要付出很大的努力才能专心做一些有益的任务……在我死后，请让法医对我进行尸检，检查一下是否有明显的生理疾病。经过深思熟虑，我决定杀死我的妻子凯蒂。我深爱着她，她一直是这个世界上最好的妻子，任何男人都不可能有幸遇到如此美好的女子。我无法合理地给出任何这样做的具体原因。

惠特曼谋杀了他的妻子和母亲，然后给她们的工作单位打了电话，表示她们当天无法上班。第二天早上，他去了得克萨斯大学，爬上一座高塔，然后用一把猎枪击杀了 11 人，同时还打伤了 31 人。经过半小时的对峙，警察最终将惠特曼当场击毙。

对惠特曼进行尸检以后，工作人员在他的大脑中发现了一个巨大的恶性肿瘤。虽然不能把他在生命最后一天的杀人行为直接归因于癌症的存在，但一些精神病专家推测，癌症及其对控制情绪的那部分大脑所施加的压力很可能对他的行为产生了重大影响。众所周知，脑损伤会改变一个人的行为。事实上，2018 年的一项研究描述了 17 例脑瘤患者，他们先前都是很正常的人，但是在罹患脑瘤或遭受脑损伤后开始走上犯罪的道路，其罪行包括纵火、强奸和谋杀。

这些大脑的异常并不能免除人的罪责，但它确实反映出一个有趣的问题：我们对自己大脑的掌控程度有多高？在一些让人无法控制自己所作所为的生理和环境条件下，很多人都会出现躁狂和精神错乱的症状。即便没有脑损伤，我们每个人也都是不一样的：有些人天生就更加自律，有些人更加冲动易怒，还有一些人则更容易上瘾和沉迷。也许自由意志并不是一种二元选择，而是更像一张光谱。

提早的快速思考

在读到这句话之后选择一个时机弯曲你的食指。弯了吗？现在问问你自己：你弯曲食指的时机感觉像是一个有意识的决定吗？

1983年，心理学家本杰明·利贝（Benjamin Libet）以这个看似简单的问题为基础，设计了一个有关意志和决策的经典实验，该实验对意识和自由意志方面的科学研究影响深远。

利贝让他的实验对象坐在屏幕前，并要求他们记录下自己有意识地决定自己移动手指的时刻。他们的身上还安装了用来监测大脑活动的脑电图设备。

不出意料的是，被试者认为他们是首先做出了移动手指的决定，然后才付诸实践。但利贝看到的却是，在被试者记录他们想要移动手指的意图之前的半秒钟左右，大脑就已经出现了活动。对该现象的一种普遍的理解是，人类的大脑会在他们有意识地做出动作之前决定要做出这个动作。看来我们的意识并不能控制我们的行为，上述实验揭示了完成一个动作的顺序并不是"决定移动手指→手指移动"，而是"大脑准备移动手指→决定移动手指→手指移动"。

该结果令人深感困惑，甚至令人坐立难安。有些人根据利贝的发现得出结论：我们的思维过程并不会推动我们的选择，而仅仅是在汇报已经做出的决定。还有一些人则进一步问道：如果我们自己都无法积极参与自己的决策，那么我们究竟还能拥有自由意志吗？利贝这项研究的核心是一系列重大而棘手的问题，引发了后续长达30年的严肃而详细的审视。我们是否像僵尸一样被已经完全计划好的"自动生活"所奴役？我们对自由意志的感觉仅仅是一种幻觉吗？

对利贝的实验结论所进行的无穷无尽的分析往往忽略了实验本身的细节，且尤其倾向于一些戏剧性的解释。而被忽略的许多细节都与时间有关。要准确地说出你决定移动手指的时间几乎是不可能的，尤其是精确到毫秒级的时间。为了记录你认为自己什么时候做出了这一决定，你必须把注意力从在实际上移动手指转移到记录自己何时决定移动手指上。这句话很拗口（我们为此深表歉意），但它才刚刚触及试图理解我们大脑和行为的复杂性的表面。

一些批评者相当有说服力地指出，利贝的实验揭示了我们大脑的准备电位（这在德语中有一个很长的名字，叫Bereitschaftspotential），它实际上并不代表大脑自己已经做好了移动手指的准备，只是一个无关的信号，只不过恰好与实验中移动手指的动作相匹配。研究人员在猴子身上发现，它们甚至在接到指令之前就已经具有准备电位，这表明准备电位实际上只是一种普遍的准备状态，而与移动手指之类的特定任务无关。

就目前情况来看，我们能得出的唯一坚实的结论是，研究人类的大脑、决策和自由意志是极其困难的，目前科学界对此尚未达成共识。关于大脑和意识的实验还没有揭示出任何关于个人的能动性或自主性的神经学基础，而生物学和哲学也没有找到除了自由意志之外的任何东西存在的实质性证据。

但如果进一步深入研究，我们可能就会在大脑的复杂结构之外发现其他线索。毕竟，人类是由普通物质构成的：分子、原子、质子、中子、电子、夸克、轻子以及量子世界的一些小东西。物理学家花了几个世纪的时间试图探明宇宙是如何运转的，并在此过程中建立了完全不容置疑的物理规则。虽然我们人类拥有伟大的能力，但我们和宇宙的其他部分都被束缚在相同的规则中，哪怕我们的感官无法直观地感受到这些机制。从这个角度上来说，个人的自由意志是否存在这个尚未被解决的问题，最终会绘制出一个数学家和物理学家已经为之奋斗了一些时日的谜团：自然法则究竟是偶然性的结果，还是顺应了人类的能动性？宇宙是不是就像一台在轨道上运行的列车，每个决定都是预先确定且可以预见的？

妖

皮埃尔-西蒙·拉普拉斯（Pierre-Simon Laplace，1749—1827）

是历史上最伟大的数学家之一,他常被人称为法国的艾萨克·牛顿,当然法国人有可能会反过来把牛顿称为英国的拉普拉斯。拉普拉斯在工程学、天文学和数学领域都贡献卓著,其影响一直持续了几个世纪。他是上了断头台的化学家、税务官安托万·拉瓦锡(见第7章)的朋友,他们共同研究了热的本质。拉普拉斯把他出众的智慧用在了探索行星的运动上,他尝试着用公式来解释潮汐现象,并一度认为应当存在一种恒星,其引力强大到连光也无法逃脱它的掌控。当时没有任何人能理解如此超前的想法,因此它在当时的天文学界并没有激起水花,而今天我们知道,在天文学中的确存在与该描述完全相同的现象,那就是黑洞。拉普拉斯凭借其卓越非凡的思考得出了以下结论:宇宙中不存在任何偶然。

1814年,他设想存在某个无所不知的超智能生物,这个生物知道宇宙中每个原子确切的位置和动量。如果事实真的像拉普拉斯所说的那样,宇宙中不存在随机性,那么宇宙最近的"过去"就决定了如今整个宇宙的状态,同样也会直接决定宇宙未来的样貌。这就好像世界及其周遭的一切都是一台巨大的、由因果关系组成的机械钟,它嘀嗒嘀嗒地向前走着,齿轮的每一次转动都遵循着永恒不变的物理数学定律,没有任何偶然,也没有犯错的余地。他相信宇宙是沿着列车轨道运行的。

拉普拉斯给那个无所不知的生物赋予了能预测万事万物的

超能力。它可以根据确凿无疑的基本物理定律计算出所有的可能性。它可以将宇宙倒回到大爆炸时期，或是快进到热寂的结局。它将透彻地了解宇宙中的所有事物——每一个原子、每一颗星球、每一个人在任意时间所处的位置，包括你出生的那一刻和你死亡的那一天。随机性没有任何意义。"再也没有什么是不确定的了，"拉普拉斯解释说，"未来就像过去一样呈现在它的眼前。"

拉普拉斯并不是第一个建构如此宏大的宇宙机械装置的人，古典学者也曾做出过尝试。原子论的提出者德谟克利特认为，偶然是懒得思考的人的藏身之所。西塞罗在拉普拉斯诞生的2 000年之前就提出了与拉普拉斯大致相同的想法，他在公元前44年写道：

> ……要是有某个凡人能够通过思考发现所有原因间的相互联系，那么没有什么能从他眼中逃脱。因为他既然知道事情发生的原因，就必然知道其未来的走向……因为将要发生的事情并不是突然出现的，时间的流逝就像解开一段绳子，这不会产生新的东西，只是将最初存在的东西展开。

不过这一概念直到拉普拉斯才正式确立，20世纪的科学界将其称为"拉普拉斯妖"（参见第160页的特别板块）。尽管拉普拉斯为概率论奠定了重要基础，但他认为不确定性实际上只是源于知识的匮乏，而知识的匮乏又是我们无法看到世界真实面貌的结果。他认为，科学发明了偶然和概率的概念来弥补我们的缺陷，弥合我们比拉普拉斯妖知道得更少这一事实。他写道，"偶然性只不过是人类无知的一种表现"。

这不仅仅是无聊间的随意思考。决定论的问题对于我们理解现实世界至关重要，而我们对宇宙有限的理解（这也是本书一而再再而三强调的主旨）意味着我们几乎无法回答这个问题。除了人类的局限之外，这个问题还带有一些沉重的哲学、科学和神学的含义。历史上，基督徒一直在苦苦思索这个掌握着宇宙中每个原子的运动的全知全能的存在。通常来说，这个角色就是上帝，但是如果他已经计划好了每个人的命运，甚至每一个原子的命运，那么就意味着人类的自由意志和道德责任完全是一种错觉。

这个想法也有一个温和一些的版本——上帝知道所有已经发生过的和将要发生的事情，但哪怕已经知道结果，他也不会对此横加干预。就像漫威漫画宇宙中的斯坦·李一样，上帝永远都在旁观。① 与此同时，C. S. 刘易斯（C. S. Lewis）是一位对基督教的本质有着深刻见解的作家（除了写《纳尼亚传奇：魔衣橱、女巫与上帝狮子》的时候），他（和其他人）为这个难题找到了一种解释，即提出上帝不是能够预见事件，而是存在于时间之

---

① 这意味着斯坦·李就是上帝。我们并不反对这种立场。真信徒，不回头！

外，他可以同时看到所有的事件，就像《第五屠宰场》中的特拉法马铎星人一样。最后，还有一种观点认为，如果上帝也像拉普拉斯理论描述的那样是全知全能的，那么他一定也知道自己未来的行为，因此他自己也不可能具备自由意志。所以，他不可能是一个"人"（这是基督教神学的核心观念），上帝在逻辑的矛盾下骤然消失。

科幻小说中的拉普拉斯

许多伟大的科幻作品都探讨了决定论宇宙中自由意志的本质，但其中最有趣的还是我们最喜欢的那两本。库尔特·冯内古特（Kurt Vonnegut）的《第五屠宰场》是一篇看似荒诞但条理清晰的道德寓言，讲述了战争的恐怖和命运的本质。书中的主人公比利·皮尔格林（Billy Pilgrim）是一名"二战"盟军老兵，参与过轰炸德累斯顿的战斗。而在退伍返乡之后，他时不时地会意外地"脱离于时间之外"，也就是说他会被随机抽离出自己所认为的"现在"，然后被放置到一个完全不同的时间里。这让我们不得不重新评估他对命运和自由意志的理解。他来到了特拉法马铎星人所居住的外星世界，这个物种长相很奇特，看着就像是皮搋子上面长了一只绿色的手，手掌心长着一只眼睛。他们不像我们一样随着时间之箭一往无前，而是始终能够看到时间的全貌：

> 我在特拉法马铎星学到的最重要的事情是，当一个人死去时，他只是看起来像是死了。他还活在过去，所以在他的葬礼上痛哭是完全没有必要的。所有的时刻，过去、现在、未来，总是一直存在着，也将永远存在下去……特拉法马铎星人看到一具尸体的时候，想到的只是这个人在此特定时刻正处于一种糟糕的情况，但他在其他的许多时刻中却活得好好的。现在，当我自己听说某人死了以后，我也只不过会耸耸肩，然后学着特拉法马铎星人的语气说："事情就是这样。"

> 2020 年的电视剧《开拓者》(Devs) 也非常明确地探讨了决定论宇宙中自由意志的概念。硅谷的一家大型企业的首席执行官是一位科技天才，他破解了量子计算的所有难题，将计算机的能力提高了无数个数量级。他建造了一台能够模拟所有原子运动的机器（这实际上就是拉普拉斯妖），这样他就能视觉化地呈现出整个宇宙的历史。但是，这台机器只能预测未来两个月之内的事情，为了不给读者们剧透太多，原因我们就不说了。顺带一提，那台由金色灯带精心点缀的电脑不知怎么的就出现在了汉娜的厨房里……

哲学和神学中有关自由意志的论著可谓汗牛充栋，其中有些内容比这本书写得好多了。拉普拉斯和他无所不知的拉普拉斯妖所引发的逻辑争论和困境，也同样延伸到了科学领域。但是，直到19世纪末，拉普拉斯的思想仍然没有受到挑战。许多人都固守着自己具有自由意志的观念，但是决定论（牢不可破的因果关系）在无机世界依然享有至高无上的地位。

在决定论者眼中，一切看似与绝对宿命论相矛盾的现象，哪怕它表面上看起来似乎是随机的，你只要再深入研究一点儿，就会发现它实际上完全符合发条宇宙的概念。掷色子、抛硬币、轮盘赌——这些现象根本就不是随机的。只要你有足够的数据和一大堆华丽的方程，它们就会像月球绕地球运行的轨迹一样可以被精准预测。当硬币从你的拇指上弹起，或是色子从你的手掌中滚出来的那一刻，它们的命运就已经注定了，即便我们很难预测到其结果。事实上，21世纪的科学家已经制造出了掷色子机器人和抛硬币机器，它们每次都能得出你想要的结果。从根本上说，此类行为当中根本不存在任何运气和偶然，运气的存在只是因为我们无法看清事物的本质。也许同样的道理也适用于那些看起来更难预测的东西，比如风暴和雷击。我们只是还没有掌握足够的信息。

21世纪以来，随着来自手机和互联网活动的数据激增，一些人重新燃起了对拉普拉斯理论的热情，并且将其与凯特莱有关人的行为完全可以预先确定的观点融合在一起。利维坦式①产业如雨后春笋般涌现,预测着我们想买什么、想看什么,甚至想和谁约会。而一些人在哪些事情可预测的问题上提出了更进一步的断言。在过去的十年中,甚至有人断言,只要有足够的数据,他们就能准确地预测出好莱坞的剧本中修改哪些词语就能提高电影票房。一些人还称,他们可以在一个人出生时预测他将来会不会成为罪犯。有些人甚至还提出,只要掌握正确的数据,他们就能准确地预测恐怖袭击将在何时何地发生。

要说我们对这种说法持怀疑态度的话,那就是对银河系尺度的极大低估。数据是科学家的命根子。我们就像瘾君子一样渴求着数据,这是我们进一步理解世界的必需品。问题在于:我们也知道,更准确的数据并不总是能带来更准确的预测。我们之所以知道这一点,是因为20世纪发展起来的两个科学领域。它们让我们能比以往任何时候都更加深入地了解宇宙的本质,而二者都对拉普拉斯妖这一理论造成了严重破坏,几乎彻底粉碎了发条宇宙的齿轮。它们分别是量子力学和混沌理论。

---

① 典出自17世纪英国政治哲学家托马斯·霍布斯的著作《利维坦》,该书宣扬君主专制统治,认为人们通过订立契约,把大家所有的权力和力量托付给某一个人或多人组成的集体,这个集体能通过多数的意见把大家的意志转化为一个意志。——编者注

混沌

对混沌的一个清晰阐释来自全球知名的格温妮斯·帕特洛（Gwyneth Paltrow），她并不是物理学家，而是一名演员。1998年，格温妮斯出演了佳作《滑动门》（Sliding Doors，又译"双面情人"），她在这部电影中饰演了一个遭到意外解雇，需要提早回家的角色。故事发展到这里之后分成了两条路线。（1）她勉强赶上了一趟地铁，并且在车上遇到了一个不错的小伙子，之后她回家撞见了自己的男朋友正在与另一个女人偷情，于是就离开了他，然后爱上了前面提到的那个小伙子，却又发现此人已婚，最后她被一辆面包车撞死了。（2）她遇到了一些事情，耽搁了时间，因此只能在站台上眼睁睁看着列车的门在面前关闭，之后她先是错过了捉奸的机会，又不慎从楼梯上摔下，最终还是发现了男朋友的出轨，然后遇到了好男人，并且没有死去。就在那微不足道的一刹那，列车的滑动门会让她走上两条截然不同的人生道路，尽管在我们看来这两条路都挺糟糕。

虽然我们可以肯定格温妮斯对于这两个平行情节的阐释并非源自19世纪晚期的法国哲学，但后者正是这类想法的根源所在。数学家亨利·庞加莱奠定了混沌理论的基础，他注意到一些物体的轨迹非常难以预测，比如笔尖朝下立在桌上的铅笔，或是月球在太阳和地球共同引力作用下的运行轨道。从理论上讲，完全对称的铅笔可以完美地保持直立,但是哪怕出现稍微一点点变化,比如一小阵风吹过或是铅笔头上有一处小瑕疵,都足以打破平衡的状态,让它朝向一侧倾斜并最终倒下。无论你对这支铅笔有多么了解,但是只要还存在一丝一毫没能掌握的情况,你都无法预测它会朝哪个方向倒下。

在庞加莱举出的例子中,因果关系没有被打破,但是更多的数据并不能让你更加了解未来会发生什么。他在1908年写道:

> 有时,初始条件的微小差异也会造成最终现象的极大改变。前者的一个小误差会使后者产生巨大的误差。预测就成了不可能的任务。

当年晚些时候荣获奥斯卡最佳女主角的格温妮斯(不过她获奖靠的是在另一部电影中的演出)在《滑动门》中也表达了类似的想法:"我回到家之后,看见你和那个女人躺在床上!"

1961年,美国气象学家爱德华·洛伦茨(Edward Lorenz)试图在自己的电脑上运行一个天气模拟程序,之后,他的脑海中开始浮现这样的想法:未来的情况可能对当前的微小变化极为敏感。为了节省时间,他决定从程序的中段开始执行,并且输入了前一次模拟结果打印出的数据作为初始条件。但是让洛伦茨感到困惑的事出现了:这次模拟的结果与前一次模拟大相径庭。计算机程序没有发生变化，所以第二次运行的结果应当与第一次的一样，但它却进入了一个完全不同的未来。这就像《滑动门》中的故事一样，只不过它发生在地球大气中，并且不会有人死于车祸。

经过一番检查，洛伦茨发现了分岔路口出现的原因。电脑的计算结果精确到小数点后6位，而他打印出来的数字只保留了小数点后3位。就像庞加莱的那支笔尖稍有瑕疵的铅笔一样，这两个数字之间的差异看似微不足道，可一旦被输入计算机中，就会如滚雪球般扩大，让模拟出的天气发生预想不到的巨大变化。

洛伦茨意识到这不是一个特例。在一些系统中，比如天气、双摆、天空中的星团等，你输入的条件无论是精确到小数点后10位还是1 000万位都没有意义。只要你把输入数据改成精确到第11位或是第1 000万零1位，那就有可能得到一个相差巨大的答案。今天的微小差异有可能会在明天产生预料不到的戏剧性后果。"所谓混沌，"洛伦茨解释道，"就是现在决定着未来，但是近似的现在并不能近似地决定未来。"

这里隐藏着一个令人尴尬的结论。如果宇宙就像格温妮斯的电影那样展开，那么即使它如钟表一般运转，机械结构中极其微小的变化（比如某个齿轮上的一粒灰尘，某根弹簧上轻微的不平衡）也足以将事情推向完全不同的方向。这意味着，哪怕你掌握了基本的自然规律，哪怕真的不存在所谓的偶然，哪怕宇宙的确是一连串因果链条，只要你无法以极致的精度测量和计算出所有的细节，无法清楚明白地知道宇宙中每个原子的位置、速度和动量，那么拉普拉斯妖就不可能存在。没有这种程度的细节的话，预测是不可能的。

拉普拉斯错了：偶然不仅仅是对人类无知的开脱，它是我们从科学角度理解宇宙的过程中所逃不开的东西。如果不清楚自己位于哪条路径上，那么概率就是你唯一的依靠。这就是为什么无论天气有多好，天气预报也总是会说存在一定降雨概率。想要确切地知道地球大气未来会变成什么样几乎是不可能的。

不过，尽管混沌现象让预测极其困难，但这并不意味着宇宙是随机的。宇宙的发条可能没有瑞士手表中的那么精致，但我们仍然一分一秒地向未来前行，因果链条紧紧相连。雷暴和飓风不会平白无故地出现，天体不会到处乱飞。粒子也不会凭空产生和消失。

粒子真的不会凭空产生和消失吗？

量子王国

原子由质子、电子和中子构成，质子和中子由夸克和胶子构成，光由光子构成。电子、光子、夸克和胶子都被视为基本粒子，它们是物质组成中最基本的积木，你无法把它们拆开。

这些基本粒子有时在某些特定情况下会表现出一些无法预测的行为。这有些不合情理，因为原子水平以上的物质是很好预测的。牛顿被苹果砸到头之后领悟出的牛顿力学相当精确，我们可以运用它来接球、驾驶宇宙飞船飞到另一个星球，以及计算出恒星在过去几千年以及未来几千年的运行轨迹。但是一旦我们进入亚原子领域，事情就变得古怪起来，哪怕在一些相当简单的事情上面也会有所体现，比如用光照射玻璃。爱因斯坦指出，光是一束微小的粒子（即光子），当一束光照向玻璃（比如你的窗户）的时候，有一部分光会穿过玻璃到达另一边，而另一部分则会被反射回去。每个光子似乎都会从反射和透射这两条路径中选择一条，而就我们目前所知，光子会选择哪一条路径是完全随机的。

亚原子世界充满了不确定性。在位于瑞士的大型强子对撞机中，跨越法国和瑞士两国边界的粒子加速器能够让质子以接近光速的速度相互碰撞。两个质子碰撞的结果就是各种粒子四散纷飞：它们粉碎成了夸克和轻子，喷射出一幅美丽的图案。物理学家花费了数年时间研究这些图案，以期寻找有关宇宙结构的线索。每隔一段时间，他们就会探测到一些此前从未有人见过的粒子或能量场。希格斯玻色子就是这样被找到的，这种粒子的发现保证了所谓的"标准模型"是正确的。换句话说，只有在希格斯玻色子存在的情况下，我们所探测到的其他所有亚原子粒子才能表现出各自的行为。但是直到2012年，我们才终于找到一个希格斯玻色子。在强子对撞机中，每次发生碰撞的物质都是一样的（两个质子），实验条件也是一样的（高速碰撞），但每一次碰撞会产生的粒子种类毫无疑问都是随机的，这完全是由偶然所决定的。

1926年，德国物理学家维尔纳·海森堡无意中发现了一件特别奇怪的事情：我们不可能同时确定一个粒子的位置和速度。例如，要想精确计算出一个电子的位置，你就需要用一束光照射它。这束光本身就是一束能量，是一个光子，它会以某种不可预知的方式改变电子的速度。你希望测量电子的位置的精确性越高，光的波长就必须越短，质子传递给电子的能量就越高，其速度的不确定性就越大。这就为我们带来了物理学史上最有意思的段子之一：

有一天，海森堡在高速公路上开车，这时警察拦下了他。

警察说："先生您好，您知道您的车速刚刚达到了83英里（约134千米）每小时吗？"

海森堡说："好吧，现在我迷路了。"

不确定性原理永远无法绕过，量子世界就是建立在不确定性之上的。

这些发现又往拉普拉斯妖的棺材上钉了几颗钉子。在混沌理论中，如果你不知道整个宇宙中所有原子的确切位置，你就无法预测未来。在量子力学中，确定这些原子的位置压根儿是不可能的——至少在任何有意义的层面上是这样的。非常小的事物和非常复杂的事物从本质上来说都是由概率决定的。

把混沌理论和量子力学结合起来，你会得到一个错综复杂、充满无限可能的未来网络。量子尺度上一点点的随机性都有可能会扰乱一个空气分子的运动，这个扰动在混沌理论的放大下可能会引发一阵大风，然后就有可能会有一根树枝被风吹断，迫使你改变原本要走的路线，这有可能会让你错过一条本该看到的招聘广告，而这份工作原本可能会彻底改变你的生活。又或者格温妮斯·帕特洛大脑中的某个电子没有按照原本的方式运动，这可能会导致她在某个楼梯上摔倒，从而错过列车，此后她可能时时刻刻都心有余悸，于是没能赢得奥斯卡影后，她可能会走上一条完全不同的人生道路，并且也不会愚蠢地售卖"阴道味香薰蜡烛"。

不确定性有很多种形式。现实世界的模样和你能从中提取的信息之间存在差距，而不确定性是弥合这一差距的唯一途径。我们的宇宙也并不像发条装置一样运转，在量子水平上，真随机性才是其核心特征。这并不意味着预测不可能实现——我们仍然可以精确地预测明天太阳升起的时间，我们可以建造飞机，并百分之百地确定它能飞起来。然而，如果我们对宇宙的理解没有出错的话，那宇宙的不确定性确实意味着，在排列整齐的因果链条中偶尔也会出现随机性的踪迹。

多世界诠释

不过，对"我们对宇宙的理解没有出错"这个假设是否成立，还要打个问号。因为论及量子行为的奇异性时，事情往往都会超出我们日常经验的范畴，从而使人感到困惑。量子世界可能非常奇怪，但它也是现实世界的一部分。在放大很多很多倍才能观测到的纳米尺度下，奇异就是常态。

量子信息可以在没有发生任何移动的情况下从一个地方被传送到另一个地方。即使相距数千光年，两个粒子也能对彼此的运动做出反应。这就好像当达斯·维德透露自己是卢克·天行者的父亲时（这已经是40年前的电影情节了，请原谅我们在此剧透），卢克的双胞胎妹妹莱娅立刻就知道了这件事。

还有双缝实验。电子具有质量和负电荷，这意味着它们具有可以解释的物理实体。但是，当你试图让一束电子穿过两条相互平行、形状相同的狭缝时，狭缝另一端形成的图案表明，它们并不是离散的粒子，而是一种波，它们像水一样同时穿过了两条狭缝。

从上述这段简短的论证中可以得出结论，电子要么既是粒子又是波，要么就是二者择其一。如果对于这一问题思虑过多，你可能会越想越糊涂。为了解决这个难题，物理学家将可能处于各种状态的电子描述为"处于叠加态"。电子同时具有粒子和波的特性，这很好，也很有趣，但是一旦你想给它拍张照片，情况就会发生变化：摄像机无法记录电子所有状态的叠加，因此照片中的电子就只能呈现出一种状态——要么是粒子，要么是波。

电子怎么会知道我们正端着摄像机拍摄它，从而知道应该在什么时候转变自己的状态呢？它不可能知道。因此，一些物理学家提出了他们眼中唯一合理的结论。他们认为，电子的其他态一定仍然存在，只不过存在于平行宇宙中的某个地方。这个观点又被称为量子力学的多世界诠释，其本质是假设在拍摄照片的那一刻，我们的物理世界分岔成了许多个（有可能是无穷多个）不同的世界，这些世界接下来会同时存在，并且随着每一个可能发生的量子事件进一步分裂出每一种可能结果。各种不同的分岔也会在时间上回溯，不仅是回溯到拍摄的那一刻，而且还有历史上的每个时刻。有不少人真的相信这一观点，他们都是在这个世界上真实存在过的、头脑清楚的物理学家，他们可以安静地端着咖啡坐在你对面，针对某一话题侃侃而谈。所有见过他们的人都会觉得，他们确实掌握了现实世界的某些情况。

也许回想一下第3章提到的四维球可以帮助你理解这个概念。将四维球切片可以得到球体，将球体切片则可以得到圆。在多世界中，宇宙实际上是一个无限维度的粒子团，这些粒子同时以无数多种状态存在。我们的现实世界（包括我们所有的知识和经验在内）：我们睡的床、我们交往的朋友、仙女星系的西侧旋臂等，都只是多世界在四维时空中的投影。把这个无限维度的空间切换一个角度之后，你就能得到一个不同的投影——也许那个世界在各个方面都和我们这个世界一样，除了这句话结尾两个字的顺序是颠倒的。在另外一个平行世界里，有可能你刚刚花高价购买了某个名人的阴道味香薰蜡烛，也有可能10亿年前的地球上除了奶酪什么也没有，还有可能在更久远的过去，新生的太阳周围漂浮的岩石和尘埃并没有形成地球。根据多世界理论，宇宙并不是随机的。根本不存在什么偶然，因为任何可能发生的事情都会发生。

这些并不一定是虚构的世界。相信多世界理论的物理学家认为，所有可能的历史、所有可能的未来、所有我们能想象到的自己以及想象不到的自己，其实都在我们的面前，只是我们无法与之接触。但或许就像一些基督徒所说的那样，上帝就坐在时间之外，手中把玩着无限维度的空间，同时关注着所有可能存在的情况。可能性是无限的。

命中注定还是自由选择？

这一切对我们来说意味着什么？我们如果掌握了足够的数据，就能在很大程度上确定宇宙的状态，但同时也没有那么确定。我们生活在由因果关系构建的宏观尺度上,但我们又是由微观尺度的物质构成的,而这些物质的行为与宏观尺度的物质似乎大不相同。在我们寻找量子时,走在决定论轨道上的宇宙会稍显暗淡,但终究会以某种"几乎不可能实现"但是"没人能证明不会这样"的方式归来复仇。

那么,动物又是什么呢?它们是否像宇宙一样,也会遵循偶尔的随机旋转下的因果关系?动物仅仅是对周遭环境做出刻板反应的无意识的自动装置吗?如果在每个变量都相同的条件下将这一时刻不断重演(就在这个世界重演而不是其他任何一个世界),那么动物是不是每次都会做出同样的动作?

在人类身上进行这种测试是非常困难的,乃至根本不可能。我们人类实在太过复杂,需要控制的变量太多,这导致我们无法原模原样地还原一个场景,因此也就不能重来一遍看看我们是否会做出不同的选择。然而若是以动物为对象的话,在实验室条件下重现某一场景似乎还是能实现的,并且你确实不会总是看到相同的结果。这可能并不奇怪:在随时可能面临生命危险的动物世界中,行为太有可预测性会让自己身处险境。我们在本章的开头提到过,当鱼感受到水中的压力变化时(这可能表明有什么东西正在向自己逼近),它会弯曲成独特的C形。这种可预测性有很大的利用空间。长着触角的箭鼻水蛇(*Erpeton tentaculatum*)已经进化出了一种方法,它会搅动鱼附近的水,让鱼误以为有什么触碰到了自己,然后条件反射性地弯曲身体,避开想象中的威胁。箭鼻水蛇不会把嘴巴对准鱼一开始所处的位置,而是朝向鱼做出下意识的反应之后将会前往的地方。

然而,作为真正的生存大师,蟑螂已经进化出一种可以避免被预判的方法。它的后背长有两个对气压的微小变化非常敏感的附肢,在你试图偷偷接近一只蟑螂时,它一定会从你身边逃走,和鱼不同的是,蟑螂选择逃跑的方向似乎是随机的。没人能预测到它会朝哪里逃窜,于是蟑螂就能安全地避开狡猾的捕食者。

果蝇是一种深受实验生物学家喜爱的动物,原因有很多,这里就不一一列举了。但是有一点我们常常会忽视,就是我们即使把果蝇粘在一根棍子上,也不会受到惩罚。果蝇会表现出一系列与生存有关的复杂行为,包括所有你想象中昆虫会做的事情:觅食、求偶……呃,好像实际上也就只有这些。

它们需要做出决定的事情包括选择配偶和规划去哪里觅食,但考虑到果蝇的思维相对比较简单,说它们就是沿着既定轨道运行的列车也不算夸张:它们用基因设定的程序对环境做出反应。其结果就是,有东西吃、能交配的果蝇就是快乐的果蝇。

然而,果蝇也表现出了不可预测性。在过去的几年里,对固定果蝇(即被粘在一根棍子上的果蝇)进行的实验吸引了对寻找自由选择的神经学基础感兴趣的人。把果蝇固定在一个白色的鼓里,就相当于给它搭建了一座感官剥夺室。在2007年,一个科学家团队就是这么做的。由于看不见任何东西，也感受不到气压的变化，果蝇无从获知自己身处何地或是要去往何方，但你可以通过移动背景让它相信自己正在飞行，就像在舞台剧中所做的那样。果蝇的头部装有一个扭矩计，科学家可以通过这个装置推断出果蝇身体的扭曲程度和翅膀的角度，从而确定果蝇认定它自己飞行的目标是哪里。在那种环境下，我们无法预测果蝇飞行的方向，不过它的运动也不是完全随机的。如果它就像通过抛硬币来选择方向一样随机运动，那么在一段时间之后，它朝向任意方向飞行的概率应当是相等的。然而，这只苍蝇似乎在不断地微调自己的运动，好像是在探索周围的环境；偶尔它也会做出较大的动作，就好像要去新的地方一样。我们在这里尽量避免使用"选择"这个词，因为我们不知道果蝇是不是真的在思考："我上次走的那条路，去他的，这次我要走这条路——这会让那些把我绑在这里的科学家摸不着头脑吧！"

但我们知道果蝇的行为是不可预测的，就像我们也知道蟑螂的逃跑不可预测一样。一些科学家指出，这些基本的、不可预测的行为（它们不完全是选择，但也不完全是对环境的程序化响应）可能是自由意志的生物学基础：一种将动物从脚本中解放出来的分子神经学麦加芬母题[①]。这些行为是不是我们在生活中的感

---

① 麦加芬母题（McGuffin）是由著名电影导演希区柯克提出的一种电影技法，指推动情节发展的对象或事件。——编者注

受的最简版本？我们是不是永远都能选择接下来该做什么？

我们不太确定。也许果蝇的行为是由一些看似随机的过程决定的，这实际上相当于分子水平上的抛硬币，混沌魔法会放大最初的效果，于是神经通路的微小波动会得到增强，最终产生不可预测的结果。事实就是我们不知道答案。你要如何区分程序化的行为和基于选择的行为？此外，你可以在拥有自由意志的同时仍然是可预测的，也可以在做出基于随机性的决定的同时并不拥有真正的自由。

无论自由意志是什么，或者不是什么，我们的神经回路中都存在着隐藏的分子机制。也许这会创造出一个幻觉，也就是一个我们告诉自己的谎言，让我们相信自己并不是受到无形力量操控的木偶，而是我们自己一切行为的主导者（虽然这么想也情有可原）。也许自由意志是真实存在的，我们可以完全掌控自己的命运；也有可能自由意志确实存在，我们也确实坐在驾驶座上，但是在寄生虫、随机性以及混沌理论的影响下，我们并不是每时每刻都把握着方向盘。

也许这并不重要。有些人提出，因为我们相信自己拥有自由意志，所以我们的决定都是基于这种信念，而万一我们发现自己错了，现实生活中的一切也都不会有任何改变。另外一些人则认为，鉴于我们有能力以极高的准确性预测谋杀及其他犯罪行为的数量（或者更加普遍的行为数据，比如某一年度选择生育的女性数量、空难次数、自杀人数以及周五晚上急诊室接诊的人数等），正如凯特莱所做的那样，我们应当在构建社会的同时考虑到这些因素。

最后，我们别无选择，只能依靠拉普拉斯那些关于偶然和概率的观点来掩盖无知。就好像我们所有人在每天早上醒来的时候，我们都有很低的概率在那天成为杀人犯、遭遇车祸、被闪电击中，当然也有可能什么也没有发生。无论如何，我们所生活的世界与曾经存在过的世界是无法区分的。

至于我们，此前我们并没有指望自己能回答这个问题，但我们注定要发出疑问。我们知道你相信自己拥有自由意志，我们也一样相信。但我们所相信的事实和真正的事实往往天差地别。

第 7 章

神奇的兰花

世界末日必将来临。万幸的是,这不太可能在近期发生,所以先冷静一下。有关世界末日的预言有很多,历史上的每一种文化中都有过,并且它们还有一个共同点,那就是都没有兑现。

一般来说,末日崇拜都具有超强的审判性——这有点儿像圣诞老人会评判谁是好孩子、谁是坏孩子一样,但其后果远远比你的圣诞袜里被塞进了一块煤要严重得多。通常末日来临时都伴随着极端的暴力,整个世界都会被摧毁,但如果你足够幸运的话,你的灵魂将会被保存在永恒的美好天堂中(或是被送往永世地狱的火湖,二者必有其一)。一切终结。

即使是顶尖的物理学家也曾尝试过预言过往的一切将会终结,而他们也错了(否则就不会有我们了)。艾萨克·牛顿就花费

了大量时间在《圣经》中寻找隐藏的信息,并得出结论:世界末日的计时器至少要走到2060年才会归零。他是这样说的:

> 我提到这个并不是要断言末日将在何时到来,而是要制止那些经常预测末日的空想者动不动就妄加推测的行为。他们的预言总是失败,这样会使真正的预言变得不可信。

牛顿再一次表现出了他的聪明才智:如果你想创立一个末日教派,那就不要把末日的日期设定得太近——要确保你在世界末日到来之前就已经死了。

遗憾的是,很多凡夫俗子并没有很好地理解牛顿的意思。根据益普索集团(Ipsos)在2012年针对21个国家的16 262名成年人进行的调查,大约有七分之一的人认为自己有生之年能看到世界的终结。他们似乎根本考虑不到,重大事件不一定会发生在自己的生命周期中。

但是我们倒是有一个非常实用的方法,可以用于探索当人们被证明自己错了的时候会发生什么。你只要找到一个为世界末日设定了具体日期的邪教组织,看看他们在那一天发现末日并未来临时会有什么反应。在过去的几十年里,这种情况发生过好几次,而每一次心理学家都会抓住机会采访那些真心相信末日即将来临,但后来发现并没有如此的邪教成员。访谈结果对我们所有人来说都很有意义：我们人类非常善于捍卫自己根深蒂固的信念，哪怕事实证明这些信念大错特错。

在世界末日之后

明尼苏达大学的几位心理学家在《当预言失败》(When Prophecy Fails) 一书中首次记录了对这一特殊现象的研究。利昂·费斯汀格（Leon Festinger）、亨利·里肯（Henry Riecken）和斯坦利·沙克特（Stanley Schachter）这三位学者对待田野调查的态度非常认真。

1956年，他们加入了邪教团体"追寻者"（The Seekers），该教派是由芝加哥的家庭主妇多萝西·马丁（Dorothy Martin）创立的。她与科幻作家L. 罗恩·哈伯德（L. Ron Hubbard）一同参加了早期的"戴尼提"运动①，而哈伯德后来则创立了崇拜外星人的著名教派"山达基教"（Scientology）。多萝西曾做过自动书写试验，这种试验会让参与者进入一种恍惚状态，然后胡乱写下从别人或是别的地方"传达过来"的语句。具体细节按下不表，她声称自己收到了来自号角星（这是她虚构的星球）的外星人传达的信息，在他们口中，多萝西是耶稣最新的化身：显然，这个宗教

---

① 戴尼提运动（Dianetics movement）由L. 罗恩·哈伯德发起，提倡一系列与心灵和身体相关的伪科学思想和做法。——编者注

将科幻小说和基督教融为一体了。她还收到消息说，一场大洪水将会摧毁地球，但是外星人会驾驶飞碟前来，从世界末日中拯救她和她的追随者。这一切将会发生在1956年12月21日的午夜，末日即将来临。

当12月21日午夜的钟声临近之时，费斯汀格、里肯、沙克特与多萝西的邪教团体坐在一起，他们中的很多人都辞去了工作、舍弃了财产、切断了与家人的联系，只为得到救赎。媒体一直在嘲笑这个邪教的所作所为，而这加剧了追寻者对于权威的不信任，进一步坚信拥有外星人重要秘密情报的自己高人一等。他们坐在那里，等待着真相大白的那一刻。为了顺利登上宇宙飞船，他们把衣服和身体上的所有金属物品都取了下来，包括拉链、珠宝乃至胸衣的钢圈。

午夜的钟声敲响了。

什么也没有发生。没有狂欢，也没有飞碟。追寻者坐在那里继续等待，但还是什么也没有发生。今天不是世界末日，这个周六与往常没有什么不同。到了凌晨4点，多萝西·马丁哭了起来。

接下来会发生什么？心理学家原本认为，参与者可能会放弃这种荒谬的幻想，承认他们掌握的信息是错的。

但事实并非如此，他们反而更来劲了。追寻者又重新检查了他们的预言，然后短短45分钟之后，多萝西·马丁就又收到了一条自动书写的信息:"这群人整夜都坐在这里,传递了如此之多的光明,这打动了上帝,于是他将这个世界从毁灭的边缘拯救了回来。"

万岁!他们不仅得以幸存,而且还以一己之力拯救了地球,使其免于遭受灾难性的大洪水。于是他们连忙在第二天开始寻求此前一直躲避的媒体来宣传他们的丰功伟绩,并以自己的坚定信仰为荣。

这里有两种可能的解释。要么多萝西·马丁一直都是对的,要么她从来没有对过(当然,后者的可能性更大)。问题的关键在于,追寻者已经陷得太深了,他们已经自顾自地走出去太远,无法放弃那个未曾谋面的号角星救世主。心理学家得出的结论是,这个邪教的成员经受不住损失他们所认为正确的一切事物。所以他们的信仰不仅留存了下来,而且还得到了强化。"追寻者"的信徒全身心地投入这个已被打破的预言中,它已经得到了全社会的认可,现在只要知道的人越多,这个预言肯定就越正确。

其他的末日教派也遵循了这样的模式,提出了类似的后世界末日(或者说是非世界末日)合理化解释。2011年,著名的美国基督教广播电台主持人哈罗德·坎平(Harold Camping)活过了他所预言的世界末日,即5月21日。他的追随者尝试了各种各样的方式来解释为何世界末日没有来临。首先他们提出,世界末

第7章 神奇的兰花　　183

日实际上应该是3天之后,这与耶稣复活所用的时间相同。3天过去了,还是什么都没有发生。那么也许不是3天,而应当是7天——这是上帝创造世界所用的时间。或者也有可能是40天,这是当初挪亚经历的洪水持续的时间。但是40天也过去了,没有滔天的洪水,也没有劫后余生的庆幸。

于是,一种新的解释又出现了。这是上帝的警告,是对他们决心的考验:每当预言的末日来临又平安无事地过去,所有人都会嘲笑他们,只有真正的信徒才能始终保持忠诚。

一年后,一位名叫汤姆·巴特利特(Tom Bartlett)的记者采访了一些坎平的信徒。其中有些人承认他们参与的是邪教活动,还有一些人修改了自己过去的言论,这些言论中有很多都在网络上和采访中被记录了下来,他们修改这些言论是为了在不承认自己犯了错或是被误导的同时,减弱语气,以承认已经发生的既定事实。

要嘲笑这样的信念以及这种事后找补的合理化很容易,当时的很多人也正是这么做的。但是坎平所在的群体中也有很多人认识到,他的许多追随者都是被误导的,而且精神相当脆弱,他们扭曲的信仰反映了人类本身的弱点,或许同情是比轻蔑和取笑更好的回应。巴特利特也总结道:"一个人相信一些疯狂的事情并不代表他是个疯子。"

万物的终结

宇宙终将臣服于热力学第二定律，从而走向灭亡。所有封闭系统都趋向于热平衡，即自由能量消耗殆尽的状态——一杯热茶冷却到室温，或是一个球从山坡上滚下并最终停止。在这个过程中，系统的熵不断增加，而不容置疑的热力学第二定律认为熵只会增加。如果我们把整个宇宙看作一个封闭的系统，那么总有一天宇宙中不会再有自由能量，每个角落的熵都会增长到最大，而整个宇宙的温度将下降到绝对零度，并最终达到完全热平衡的状态。

谢天谢地，我们不会目睹这一切发生。据估测，宇宙将会在大约 10^{100} 年后进入热寂状态，而宇宙目前的年龄约为 1.3×10^9 年，所以那将会是极为久远的未来，这想必会令人宽心。但在此之前，地球将先行面对自己的末日梦魇。

未来是光明的，甚至亮得有些刺眼。太阳正在缓慢地逐渐变热，同时也在不断膨胀，这意味着它正一步一步朝我们逼近。到某一时刻，也许在 10 亿年以后（假设那时还有人类存在的话），地球将会热到所有植物和绝大部分动物都无法生存。在那之后不久，海洋就会完全蒸发。到那时，我们以及地球上剩余的所有生命都将面临灭顶之灾。大约在距今 30

亿年后，地球表面温度会达到150℃左右。但真正的炙烤将在50亿~70亿年后来临，那时我们可敬可爱的太阳，地球上所有生命的孕育者，将成为终极末日的预兆。它的燃料（氢）将会耗尽，自太阳形成以来积累的所有聚变反应废料（氦）会变得极其致密而沉重，这颗恒星将会在自身引力的作用下坍缩，然后加热并膨胀成红巨星，亮度变成现在的3 000倍。此时太阳的边缘将会越过地球目前的轨道，并继续向外延伸2 000万英里（约3 200万千米）。我们这颗小小的蓝色行星将会被炽热的红色烈焰彻底吞没。

这种现象被称为信念固着（belief perseverance）——即使有压倒性的证据证明某一观点不可能正确，也依然坚持这一观点。这种说法常用来形容阴谋论的支持者，对于相信某种阴谋论的人来说，他们在情感上，有时甚至也在经济上付出了沉重的沉没成本，其后果就是，选择从阴谋论中脱身会让人倍感压力。许多容易相信阴谋论的人不相信权威，并且像"追寻者"信徒一样相信自己可以接触到旁人无法知晓的秘密信息。放弃这些信念需要付出巨大的心理代价，因此坚持下去可能比抽身离去更加简单。

其中也许会有一些非典型人群，可能有些人的心理确实存在弱点，使得他们比正常人更倾向于加入邪教，或是从一开始就更容易相信一个相当不可信的预言。但同样的行为模式并不局限于信奉世界末日预言的人,其实在每个人身上都能找到。

20世纪80年代,研究人员开始观察能否在一群毫无戒心的被试者身上激发信念固着。他们给一组志愿者出了7个有关算术的问题,难度都不大,比如"计算252和1.2的乘积",然后再给他们每人配发一个计算器来核对自己的答案。但他们不知道的是,计算器的程序是经过修改的。在第一题的计算中,计算器给出的答案会比正确答案大10%,随着答题流程的推进,其误差会越来越大,直到第七题时,计算器的偏差已经达到50%。

有些人立马就发现自己的计算器坏了,还有些人则是对计算器得出的结果感到了困惑,不过还是坚持做了几道题才提出疑问,但是约有三分之一的参与者直到完成所有题目之后都没有询问有关计算器的问题。当被问及答题过程中的感受时,有一个很典型的回答是这么说的:"感觉好像不太对劲,但既然计算器显示的结果是这样,那么它多半就是正确答案吧。"

在研究信念固着的实验中,我们最喜欢的则是那个对19名科学家耍坏心眼儿的小把戏。事实证明,似乎聪明的人也无法幸免于被自己的头脑欺骗。这些科学家被告知,他们需要帮助评估一套新的高中数学教科书,但实际上他们在毫不知情的情况下成了一项科学实验中的被试者。实验是这样进行的:首先,他们会拿到一个圆柱体,并且还会得到一个不太常用的计算其体积的公

第7章 神奇的兰花

式（但这条公式是正确的）。为确保不会出错，他们可以通过往圆柱体中灌水来检验计算结果。然后（此时，真正的实验开始了），他们手中的圆柱体被换成了球体，而他们拿到的球体体积计算公式是错误的，按照这个公式计算出的体积比实际情况要大50%。当他们再次往球体中灌水以检验结果时，所有人都立刻发现有问题。请注意，这些人都是重点大学的研究员或教授，都有理工科的博士学位，但是他们居然没有质疑那条公式，而是提出了一些非常详细的解释，试图说明为什么实验结果与运用公式计算的数字无法匹配。

他们有过怀疑，有过动摇，还为此专门提出了解释，但最终19名被试者里仍有18人坚持使用错误的公式，而不是根据面前无可辩驳的证据来调整他们的信念。

信念固着似乎是一种令人迷惑的现象，但是在争执或信仰中投入情感会带来强大的力量。我们的头脑并不一定愿意轻易放弃这种投资，商业巨鳄、亿万富翁沃伦·巴菲特说得很好："人类最擅长的就是用自己的方式曲解所有新信息，从而强化先前已经得出的结论。"

但是，我们不仅会在新信息与直觉相冲突时错误解释新信息，还免不了会判断不出哪些新信息是有意义的。这种现象被称为证真偏差（confirmation bias）。

拉瑟福德和弗赖伊的证真偏差

亚当：我逐渐开始相信，自己可以用意念杀死好莱坞的演员。当我谈论起某一部电影，或者只是看了这部电影，那么几天之内就会有一个与之相关的明星逝去。2008 年，我购买了《断背山》的影碟，结果就在第二天，我看到了其中一位主演希斯·莱杰的死讯。在这件事后不久，我和一个朋友讨论了经典电影《大白鲨》的剧情，而大约 24 小时之后，主演罗伊·谢德（Roy Scheider）就去世了。2016 年，在我看完《星球大战：原力觉醒》几天之后，莱娅公主/将军的饰演者，同时也是我情窦初开时的梦中情人凯丽·费雪（Carrie Fisher）香消玉殒，成了原力的一部分。

这种力量是多么可怕的负担啊！能力越大，责任越大，所以我必须不断克制自己，但愿我以后不会再和别人提起凯特·布兰切特。

显然（谢天谢地），我并不是真的拥有这种能力，这只是惊人的证真偏差罢了。事实上我是个重度电影迷，汉娜可以证明这一点。我一直在谈论和引用电影中的内容，只不过大多时候都不会有人听。我提到最多的就是《大白鲨》，因为这是一部近乎完美的电影。汉娜可能没有注意到的是，这本书里就到处都是电影中的台词，这些引用完全是出于我个人的喜好。只是我不会记得那些在我提到名字之后的第二天依然生龙活虎的演员，因为这样的事情每天都在发生；而我之所以能回忆起那些巧合，是因为它们实在令我感到震惊。

更加难以解释的是，我似乎在每天上午的 11:38 都会准时看一眼钟。有可能是因为我在想着差不多该吃午饭了，但这个点儿吃饭稍微有些早了。我一直在努力找出这种现象的原因，比如记录自己每次看向钟表时的时间，并且仔细对比，看看其他时候自己是不是也会在某一固定时间看钟。但事实并非如此，我现在确信这个数字一定是某个神秘力量发送的暗号。更奇怪的是，在好几部《星球大战》电影中都出现了 1138 这个神秘数字（比如监狱牢房的号码、莱娅头盔上的标志、机器人的编号等）。我只能假设原力一直与我同在。

汉娜：我的厨房里有一株兰花，我百分之百地相信我全部的力量都是它在暗中赋予的。

我知道这听起来很荒谬，我也明白自己应该从科学的角度思考问题，逻辑和理性应该高于一切，但是一提到这棵神奇的盆栽，我就忍不住浮想联翩。即使我知道这是不可能的，我也依然相信这株植物一旦开花就预示着要有好事发生。

我的丈夫在我博士毕业答辩的那天给我买了这株兰花，

作为预祝我好运的礼物。那时它开着花，而我的答辩也顺利通过。2014年，它又开了花，当时我做了一个题为"爱情背后的数学"的TED演讲[①]，并且大获成功。后来，我在2015年得到晋升时，它开花了；播客《拉瑟福德与弗赖伊奇事》(*The Curious Cases of Rutherford and Fry*) 于2016年开播时，它又开花了。这都是巧合吗？我觉得不是。

还有要补充的是，除了这株兰花之外，其他的植物我基本养不活，包括其他几盆兰花在内——我买它们是用来陪伴那株兰花的，它们被放在同一个窗台上，接受同样多的阳光和雨露。它们都死去了，唯有这株兰花，至今已经伴我走过了近10年的风雨，依然生机勃勃。

当然，我的人生也经历过起起伏伏，而这株神奇的兰花在我陷入低谷时也会明显地表现出痛苦的迹象。有一次，它意外地被一支过于热情的香薰蜡烛给烤焦了，而与此同时，我努力很久的一个大型项目也失败了。它的叶片不止一次因为浇水过多发黄，而每当我的神奇兰花看上去快要凋零的时

[①] TED全称为Technology, Entertainment, Design（技术、娱乐、设计），是美国的一家私有非营利机构，以其组织的TED大会著称，该大会每年召集科学、设计、文学、音乐等领域的众多杰出人物，分享他们关于技术、社会、人的思考和探索。大会演讲被制作成视频放在互联网上，供全球观众免费观看和分享，传播广泛。——编者注

> 候,我都会把一切抛诸脑后,立马冲过去拯救它——我觉得
> 如果它的生命走到尽头,那一定也意味着我的职业生涯即将
> 结束。

我们了解自己喜欢什么东西,我们也喜欢自己了解的东西

如果你有过刚刚想起一个人的时候,他的电话就打过来了的离奇经历,你就能理解证真偏差的含义。这些事情总是显得那么不可思议,但并不诡异。是你的大脑在捉弄你,它毫不犹豫地抛开了那几百万次你想着别人但他没有打电话给你,或是你没有想到那个人但他却打了电话过来的情况——为什么要记住这些呢?这只是常态罢了。但是当巧合出现时,我们的大脑会告诉我们发生了一些神奇的事情。没有人能免于证真偏差的影响,这是根植于所有人脑海深处的本能,几乎无法抗拒,包括本书作者在内,详见上一页。

证真偏差是我们脑海中的一道暗门,它让我们人类容易被人利用,其后果也并不局限于在劫难逃的电影明星和神奇的植物。

在当前高新技术迅猛发展的时代下,我们比以往任何时候都更容易受到证真偏差的操控。以视频网站优兔的算法为例,它会读取你看过的视频,然后分析点击过同一视频的人有何种观看习

惯，最后再向你推荐新的视频。它预测你更有可能喜欢的是那些人经常观看的内容，而不是完全随机挑选出来的视频，这是一个合理的假设。问题是，有人担心这会让观众陷入证真偏差的艰苦跋涉中。如果你看过一个有关外星人到访美国乡村并袭击当地农场工人的视频，那么你就很有可能会对其他稍显疯狂的阴谋论感兴趣，比如地球是平的，疫苗会导致自闭症，等等。不久之后，你可能会发现自己的网站页面充斥着这样一些视频：有很多人告诉你美国校园枪击案都是假的，世贸中心双子塔遭遇的"9·11恐怖袭击事件"是由美国政府策划的。相信这些事情的人不信任政府的可能性无论如何都是更高的，并且在政治上更倾向右翼。在2016年美国总统大选之前，反对希拉里·克林顿视频的浏览量是反对唐纳德·特朗普视频的6倍。

这种算法的商业模式在政治上是中立的，其理念是发布让网站更具"黏性"的内容，也就是让人在网站上停留更长时间，这样广告就会收获更多浏览数和点击量，从而给网站带来更多的收入。因此，它更青睐能让人们看得更久、边看边留下评论的视频，而这些视频往往都有耸人听闻的主题。但这也意味着，如果你自己的观看习惯中带有任何政治偏见（坦率地说，这几乎是必然的），那么你会一直看到与这些政治观点相符的视频，甚至还会有观点比你更加极端、更加夸张的。令人担忧的是，这可能会迫使人们在先前既有的观念中越钻越深。

第7章 神奇的兰花

社交网站脸书大体上也是这样，你所浏览和点赞的内容会把你的首页出现的新闻内容往特定方向上引导。你可以通过一些简单的实验来测试，比如给你不喜欢的内容点赞，看看网站的推荐会发生什么变化（要是你真的很看重自己的账号，就别这么做了，因为这会把你带到一片你可能压根儿不感兴趣的领域，并且再也回不到从前了）。2014年，记者马特·霍南（Mat Honan）尝试着连续48小时给脸书网信息流中的所有内容点赞，想要看看究竟会发生什么。他点赞的内容当中包含了一篇有关加沙地带冲突的文章。一夜之间，他的信息流中两极分化的状态愈发明显，很快他就看到了越来越多右翼和反移民的内容，但同时也出现了更多左翼的网页，其中偶尔还穿插着"一片形似阴茎的云"和"快来看看这个长得像杰斯（Jay-Z）的小宝宝"之类的内容。

在社交网站推特上，我们会倾向于"关注"与我们有着相同的政治信仰和兴趣爱好的人。当然，我们一直在这么做，做法是阅读和观看迎合我们喜好的报纸和电视节目，但现代技术使这种强化观念的过程变得更有效率了。在网络社交媒体中，我们把自己困在证真偏差的茧房内，已有的观点随着我们接触到更多相同的观点而变得根深蒂固。

优兔的兔子洞和推特的过滤气泡是现代社会的一种奇观，它展示了一个利用并加剧人们心理偏差的系统会带来什么样的结果。但这并不是唯一一个围绕人类直觉的特殊缺陷而涌现出来的行业，如果你对人类直觉的缺陷感兴趣的话，那你还能挖掘出很多更加奇怪的东西。

超自然活动

通灵师的工作就依赖于证真偏差——这是人类基本的弱点，他们可以通过这一点来窥探别人的思想。通灵的第一阶段是对正在与你交谈的人做出一些有根据的猜测。如果那个人坐在你面前，只要你肯花时间去观察，你就可以估计出他的年龄、他的收入、他的社会背景（基于他的口音和着装）、他的婚姻状况（他的手上有戴婚戒吗？）以及其他各种各样的信息。

然后，通灵师会向来访者提出一些乏味的、通用的问题或建议，他们的回答因人而异，于是通灵师就可以对可能困扰着他们的问题做出一些推论。人们经常会在遇到麻烦的时候去拜访通灵师，特别是当他们或他们的家人面临疾病或死亡的时候。他们是自愿来拜访通灵师的，这意味着他们多半会乐于配合，因此渴望听到适合自己情况的信息，并且希望过滤掉不符合他们情况的无用信息。在这些情况下，来访者自己其实也做了一半的工作，那就是忽略掉不合时宜的陈述，只关注那些能够证实他们内心所想的内容。如果一个50多岁的人坐在一名通灵师的面前，那么很有可能他的父母最近去世了，所以通灵师可能会问一个泛泛的问题:"您最近遭受了丧亲之痛吗?是您的父母吗?"如果这个人回答不是,那么接下来的回答就很可能是失去了某位朋友。

经验丰富的通灵师可以猜测出更多信息。英国国家统计局自1904年以来,每10年就会统计一次过去几年间不同新生儿名字出现的频率。在20世纪30年代和40年代,最受欢迎的英国男孩名是约翰(John)、戴维(David)和威廉(William)。猜出客户想到的人叫什么名字就是通灵师惯用的伎俩之一。对一个50多岁的人来说,他的父母很可能已经七八十岁了,所以你接下来可以做出一些有根据的猜测。你肯定不会问"您父亲的名字是以Z或者X开头的吗?"这种蠢问题,因为扎卡赖亚(Zachariah)和克赛诺丰(Xenophon)这样的名字从来都没在榜单上进入过前100名。但如果你说"我感觉好像看到了一个J,或者一个D",那么从统计学上来讲,你的选择很明智。"在你的生命中,是否有一个名字以J开头的人对你很重要?你有没有什么特别的话想要对他说?"拜访过通灵师的人通常不会记得,通灵师一直在问一些模棱两可的问题,或是不停猜测他们亲属的名字,他们只记得通灵师猜对的东西。

我们现在可以做类似的事情,因为我们找编辑要了一些关于读者画像的数据。购买科学书籍的人群中大约有60%是男性,他们比一般的读者群体更加年轻——这类书籍大约有四分之一是由13~24岁的人购买的。喜欢科学的人往往也更热衷于阅读,他们大约每年会购买10本书。另外，该人群也比一般人更漂亮、更有魅力。我们也大致知道什么样的人会更喜欢我们之前的作品，比如亚当的读者一般会比汉娜的读者年龄更大一些。随着划定的标准逐渐增多，你符合其中至少一条标准的概率也越来越高。你可能是一个十几岁的孩子，读这本书是因为你喜欢科学和数学，你的父母购买这本书可能是为了将其作为圣诞礼物送给你（这本书英文版是10月份出版的，所以很适合作为一份既有趣又有教育意义的圣诞礼物——家长们注意了）。我们还可以围绕青少年这个身份做出更多的假设：你会对自己的外表以及朋友的看法相当在意。你可能会喜欢某个女孩或是某个男孩，但你的心意可能得不到回报，坦率来讲，两性关系是一片令人困惑的雷区。你肯定会有很多作业，与熬夜写作业相比，你肯定更愿意熬夜沉浸于社交媒体或是电子游戏当中。考试会让你坐立不安，你必须加倍努力才能获得好成绩。你的老师凶神恶煞，你的父母总是因为一些鸡毛蒜皮的小事就上纲上线地教训你。

或者你也有可能是一个十几岁孩子的家长，这样的话你多半会担心孩子的成绩，担心他太晚回家，担心他沉迷社交媒体，担心他和"坏孩子"混在一起。你可能身材已经有些走样，但却没有足够的时间锻炼。你现在可能会有点儿担心自己喝酒是不是喝得太多了，只是身体暂时还没有因此出现太大的问题。坦率来说，两性关系仍然是一片令人困惑的雷区。全身上下好像都或多或少有些酸痛，你再也不像以前那样精力充沛了。如果你的年龄超过40岁，那么你的父母可能已经罹患某些疾病甚至已经故去，而这些并不能帮助你战胜对死亡的恐惧。你喜欢看《王冠》，也很喜欢看《伦敦生活》。另外，你已经很久没有在周末睡过懒觉了，那种快乐实在令人怀念。

也有可能你现在20多岁，全凭自己的兴趣购买了这本书。请尽情享受还能睡懒觉的时光吧，毕竟时间不等人啊！

利用我们与生俱来的心理偏差要点儿小把戏相当容易，直觉会告诉我们这一定是真的。但是直觉又让我们失望了。我们会倾向于忽略那些我们不认同的东西，而专注于那些强化我们脑海中固有观念的东西。不信？那我们来一场简单的测试吧。

我们都是傻瓜吗？

请阅读以下描述，并思考每一条是否符合你的真实情况，你可以在后面的圆圈里打钩：

- 你非常需要他人的喜欢和钦佩。　　　　　　　　　　○
- 你有批评自己的倾向。　　　　　　　　　　　　　　○
- 循规蹈矩、有自制力的外在掩盖了你焦虑不安、缺乏安全感的内心。　　　　　　　　　　　　　　　　　　　　　○

- 你拥有独立的思想并引以为豪，不接受别人缺乏凿凿证据的观点。 ○
- 你认为过于坦率地向别人袒露心迹是不明智的。 ○
- 有时你外向、和蔼、善于交际，而有时你内向、谨慎、寡言少语。 ○
- 你常常会有一些不切实际的想法。 ○
- 有时，你会严重怀疑自己是否做出了正确的决定或做了正确的事情。 ○

你会填上什么样的结果？如果你觉得其中有至少一句话（甚至每句话）可以准确地描述自己，那也不用担心，我们接下来讲述的故事会让你明白其中的蹊跷。

1948年，美国心理学家伯特伦·福勒（Bertram Forer）为他的每个学生提供了一次免费的人格测验。他向39名学生每人发放了一张表格，询问他们的爱好、愿望和理想，以及关注的问题。这项测试旨在揭示他们的性格、气质、担忧的问题等方方面面的特质。一周之后，他给每个学生单独发放了一份写有其姓名的个性化评估，声称这是根据他们填写的表格所完成的报告。他要求学生阅读这份报告，并根据报告描述的准确度打分（满分为5分，0代表"完全不符"，5代表"完全相符"），以验证测试的准确性。每个人的评估报告中都包含了13句话，我们在上面列出来的就是

第7章 神奇的兰花　　199

直接从福勒的报告中随机挑选的几段描述。

在收回所有报告之后,他统计了所有学生给出的平均分,结果是4.3分——几乎所有人都认为福勒非常准确地描述出了自己的性格。顶级的心理学家也不过如此了吧?

但就在这时,福勒像魔术师一样揭开了谜底。

在课堂上,福勒让一名学生朗读了他的那份评估报告,然后要求全班所有评估报告与之相似的同学举起手来,结果每个人都举手了。接下来,同样的事情发生了一次又一次,教室里爆发出一阵哄堂大笑,所有学生都意识到自己被愚弄了。福勒在一篇题为《个人验证谬误》(*The Fallacy of Personal Validation*)的科学论文中记录了他的实验方法和结果,并这样写道:"实验数据清楚地表明我成功地蒙骗了这些人。"

每份报告都一模一样。每个学生在看到这些话之后都觉得它们非常精准地描述了自己独有的特点,但事实上每个人的报告上连标点符号都没有改过。更夸张的是,福勒后来透露,所有这些看似为每个学生量身打造(也许你也会觉得它们精准描述了你自己)的相当有见解的句子,都是他直接从某个街头报摊上的一本占星学杂志上抄来的。

伯特伦·福勒揭示了我们思维运行过程中的根本缺陷。人类脆弱而复杂的心理渴求能证实我们心中所想的事物,同时也会忽略那些挑战我们先入之见的东西。尽管这些描述平淡无奇,可大多数人都会觉得它们既有很高的洞察力，也和自己有独特的关联。事实上，它们描述的只是我们大多数人都曾经历过的正常的人类情感罢了。许多人都会有活泼开朗的一面，同时也会有只想自己一个人待着的时候。谁不想被人喜欢呢？谁不会对某些东西缺乏安全感呢？

这种描述后来被称为"巴纳姆描述"，这是以担任过马戏团经理的P. T. 巴纳姆（P. T. Barnum）的名字命名的，他有一句著名的台词（不过实际上他并没有说过这句话，参见下面的特别板块）："每分钟都有傻瓜出生。"它们是所有占星术的基础，也是其他一系列所谓超自然现象的基础。

马戏之王

你可能看过《马戏之王》，这是一部相当好看的电影，休·杰克曼在其中扮演的角色就是巴纳姆。生于1810年的巴纳姆确实是一位伟大的表演艺术家，同时也是天赋异禀的假货推销员和厚颜无耻的顶级欺诈犯——不过据我们所知，他不太喜欢唱歌和跳舞。巴纳姆的拿手好戏是把骗局和赝品宣传成世界科学奇迹，然后再放到他的各种马戏团和博物馆中展出，从中攫取巨额利润。然而，那句著名的"傻瓜"台词并非出自他口。

故事开始于1869年，当时考古学家在纽约北部卡迪夫的一个农场里开展发掘工作。他们在那里发现了一个10英尺（约3米）高的人形石化物体，并且推测这是一个古代印第安人留下的化石遗迹。他们不知道的是，这具尸体并不是石化的巨人，而是一尊雕像（据大多数人说，这尊雕像还做得不太好），它是这片农场拥有者的堂兄乔治·赫尔在一年前埋在那里的，建议考古学家在这里进行发掘的也是这个人。这一惊人的发现很快传开，教会的领袖充满敬意地证实了这一点，并且指出《圣经》中确实提到过巨人[1]。于是人们开始排队付钱，在卡迪夫巨人的坟墓里瞻仰他的遗容。但想要守住这样一场骗局的秘密并不容易——或者说，当你委托制造了一尊10英尺高的雕像并将其埋在农场中时，想要掩盖行骗的蛛丝马迹是很困难的。因此，赫尔迅速行动，以23 000美元的天价将已经出土的雕像卖给了以大卫·汉纳姆（David Hannum）

---

[1] 《旧约·创世记》第6章第1~4节和《旧约·民数记》第13章第33节都提到了"拿非利人"，在历年的各种译本当中，拿非利人被解读为堕落的天使，或者是上帝的子女，也被视作巨人。考虑到《圣经》的地理范围并没有延伸到中东以外的地方，我们无法确定这些奇怪的巨人在纽约北部做什么，但这并不妨碍众多人在17~18世纪发现他们。曾积极参与过塞勒姆女巫审判一案的清教徒科顿·马瑟（Cotton Mather）认为，1705年在纽约州奥尔巴尼发现的骨头化石属于在挪亚大洪水中死去的拿非利巨人，但事实上，它们来自史前的猛犸象。

为首的商人财团。随后，他们带着这个巨人在纽约各地开启了巡回演出。

就在此时，巴纳姆闪亮登场！他可从不会错过这么大的骗局，于是他向汉纳姆出价5万美元购买卡迪夫巨人，但遭到了汉纳姆的拒绝。之后巴纳姆做了什么事呢？他自己制作了一个巨人。他派了一名亲信溜进演出现场，偷偷度量了巨人的尺寸，并用蜡雕刻了一个迷你版模型。巴纳姆用这个模型制作了一个复制品，然后把它送到了纽约的一家博物馆展出，让那些更容易上当受骗的赌客相信了这是真品，并因此大发横财。在听闻自己的骗局居然被人原样照搬，拿去招摇撞骗，大卫·汉纳姆说出了那句不朽的台词："每分钟都有傻瓜出生。"

那时，自然奇观蔚然成风，巴纳姆凭借其"巴纳姆科学与音乐大剧院"的大获成功而大赚了一笔。"拇指汤姆"（Tom Thumb）是他旗下的一位明星——巴纳姆带着一个会抽雪茄的4岁男孩巡演，然后对外声称他已有11岁，只是长得特别矮小。巴纳姆的著名展品中还有斐济美人鱼。

如果要你在脑海中勾勒出一个美人鱼的形象，也许你想到的是一头长发、穿着贝壳胸衣、长着一条优雅鱼尾的美丽少女？或是迪士尼电影《小美人鱼》里那个亚麻色头发的爱丽儿？

不不不。想象一下这样的画面：将一只死去的小猴子的上半身与一条中等大小的鱼的下半身缝合起来，经年累月之后日渐干枯，它们变成了一具残骸。这就是巴纳姆给观众们展示的美人鱼，一条可怕的、扭曲的"猴鱼"。据说这是在斐济海岸捕获的，但更有可能是一个狡猾的斐济人将其缝合起来之后欺骗了一个英国水手。

斐济美人鱼

需要注意的是，尽管公众很容易受到斐济美人鱼的蒙骗，但是科学家对此抱有过度怀疑的态度也不好。1799 年，当第一只来自澳大利亚的鸭嘴兽被送到伦敦的科学家面前时，他们认为这种长着皮毛、鸭嘴和毒刺的哺乳动物太过古怪，有可能是伪造的。事实证明，进化比骗子更荒谬。

打开文件柜

每个人都容易受到证真偏差的影响，其后果有可能像占星术和通灵师的胡说八道那样不值一提，也有可能如同破坏民主制度那样严重。当然，科学应当高于一切，这也正是科学的意义所在——推翻人类的这些基本错误，让我们看到世界的真实面貌，而不是继续受大脑欺骗。

在这本书里，我们一直在大张旗鼓地赞颂人类，我们在各种心理偏见的影响下发明了科学，为自己找出了绕开这些普遍存在的错误的方法。但研究工作终究还是要由人类来完成的，尽管我们付出了很多努力，但想要摆脱这些内在的束缚并不容易。而科学纵然有着崇高的目标，可是其核心却依然深受心理偏见的困扰。

就在过去的几年中，我们开始意识到，科学的标准永远会受到证真偏差以及其他人类缺陷的困扰。这种影响极为重大，以至于我们发明了一个新的名称，来描述当科学成为这些错误的牺牲品时所出现的一系列事件和问题。这些问题被统称为"文件柜问题"。

忽视无聊的现象

在人类的一大堆弱点中，除了证真偏差之外，还有一种倾向是对新事物过度着迷。人类是精密的"变化"探测器，也就是说我们喜欢推翻现有的知识，更重视新鲜事物而非陈词滥调。此类倾向被称为"恋新癖"（指对新事物的喜爱）和"理论狂热"（指对新理论的狂热）。有时在设计实验的时候，我们会寻找新鲜有趣的现象，也会狂热地追求令人兴奋的新理论，而在这么做的时候我们就会忽略那些不支持新事物存在的证据。

偏见：你的大脑下定决心要欺骗你

证真偏差可能是我们了解最深的一种认知偏见，但是迄今为止被提出过的其他认知偏见已经超过 100 种，其中有些不足为虑，有些则影响深远。请在你自己或你认识的人身上存在的偏见打钩（要说实话哦！）：

现时偏见：无法对超出眼前利益的长期利益做出承诺。在实验中，被试者往往会在今天得到 150 美元和一个月后得到 180 美元之间选择前者。这并不是明智的选择。　○

宜家效应：人们会认为自己组装的家具更有价值。　○

信念坚持：即使有压倒性的证据证明某件事不可能正确，你也依然坚称它是对的，比如一株兰花被施了魔法，或是一天中某个时间有魔力。　○

观点极化：当反驳你的观点的证据出现时，你会更加坚定地坚持原来的观点。　○

从众效应：因为别人已经相信某件事而倾向于相信它。　○

效益启发：通过表面特征（如文身和体重）来判断一个人是否适合某项任务。研究表明，人们往往会低估超重的人在与体育无关的工作中的能力，并高估体型正常的人的工作能力。○

锚定效应：在决策过程中受到某一特定信息（通常是获得的第一条信息）的支配，而忽略其他信息的输入。○

赌徒谬误："我已经连续抛出四次正面，所以下一次很有可能是反面。"千万别这么想。○

损失厌恶：相比于得到同样的东西而言，人们更倾向于避免失去某样东西。以下哪一个选项对你的情绪影响更大：获得5英镑的折扣，还是少交5英镑手续费？○

衰退主义：过去的一切都是好的，现在的一切都在变糟。其实不然。过去几乎所有的事情都比现在糟糕得多，我们中的大多数人放到过去任何历史时期下可能都很难生存下去。○

邓宁－克鲁格效应：能力欠缺的人往往会自信地高估自己在任何特定领域的能力或知识。到社交媒体上见识一下网络"喷子"的"风采"，你就能明白这个效应说的意思了。○

韵律偏见效应：人们会认为押韵的语句更加真实准确。"一天一苹果，病痛远离我。"这一定是苹果公司营销委员会捏造出来的谎言。事实并非如此。在辛普森杀妻案中，手套

第7章　神奇的兰花　　207

是至关重要的证据:"这手套戴不上,必须无罪释放!"　　○

偏见盲点:这是一种元偏见,指的是人人都会忽视自己的偏见,同时又能很好地指出他人的偏见。我完全没有这么觉得,但你确实有。　　○

当科学同时撞上这些谬误时,问题就产生了。那些无聊但可以产出可靠数据的实验,那些证实一个令人兴奋的结果并不成立的实验,或是表明一个具有很大影响力的重大发现其实没有那么重要的实验,会怎么样呢?如果这些枯燥但有价值的实验无法引起科学界的关注,那么研究人员或许就会将它们收进文件柜中,因为它们不够有趣,没有必要写到论文里去,此后再也不会有人想到它们曾经存在过。科学研究遗失了多少这样的实验?正是这种担忧促使NASA的科学家杰弗里·斯卡格尔(Jeffrey Scargle)从2000年起开始谈论文件柜问题。

我们面前堆积着很多问题,而我们会被新鲜事物刺激,从而忽视无聊的问题。此外,证真偏差一直存在,科学家也不能幸免。他们到底是在试图检验和测试某个假设,还是在为既定的结论寻找数据支撑?

举一个蚂蚁研究领域中的例子。有人认为,在蚂蚁的世界里,同一个巢穴中的蚂蚁之间的暴力行为要比它们与其他蚁群中的蚂蚁之间的暴力行为更少。这是有道理的:来自其他部落的入侵者通常是不受欢迎的。想要识别蚂蚁的攻击行为并不容易，这需要对它们的行为做出判断，比如它们在争斗过程中直立起身、咬合下颚的举动，而这种判断本身就带有人为失误的可能性。一篇发表于2013年的论文分析了79项针对同蚁群同伴攻击行为展开的研究，分析目的在于探究实验者在观察时是否存在偏见，换句话说，他们是否知道自己所观察的蚂蚁到底是同一巢穴的伙伴还是来自不同蚁群。这篇论文的作者发现，如果研究人员能分得清这些蚂蚁的身份，那么他们记录攻击行为的可能性比不知道蚂蚁身份时要大得多。

在医学上，双盲测试是标准的操作规程。双盲测试的意思是，实验人员和被试者都不知道哪些药物是真的，哪些又是完全无效的安慰剂。这样一来，医生和病人都无法影响结果。这应当是科学的绝对标准，但令人惊讶的是，许多科学研究中的实验其实并不是盲测。事实证明，在所有针对蚂蚁攻击行为展开的研究中，只有不到三分之一的实验对科学家隐瞒了蚂蚁的身份。

诚然，评估蚂蚁的攻击性看起来并不像是历史上最为重要的实验之一，但是事实上，在所有学科分支中都存在着完全相同的现象，如果不承认我们在这些案例中存在偏见，并建立相应的平衡机制来纠偏的话，那么实验结果将极不可信。

盲测断头台

顺带一提，盲测并不是一种新方法。第一次记录在案的盲测可能是法国国王路易十六发起的，他当时想要挑战法国江湖骗子弗朗斯·梅斯梅尔（Franz Mesmer）的言论。梅斯梅尔的姓氏后来成为一个动词，也就是"催眠"（mesmerize），获此殊荣的人可真没有几个。他认为无形的磁力有一种特殊形式，这是一种所有生物共同创造的能量场，它包围我们，穿透我们，将银河系联结在一起[1]，从中可以提取出一种"生命精华液"，有时还会受到磁铁的激发。路易十六招募了一些受人尊敬的科学家，其中包括伟大的化学家安托万·拉瓦锡和另一位拥有罕见姓氏的法国人约瑟夫·吉约坦（Joseph Guillotin），他发明了一种革命性的断头台[2]。这些科学家要求催眠师蒙上眼睛，找出含有催眠术中必须用到的那种神秘液体的容器，从而检验他们自己的说法，结果他们失败了。

---

[1] 没错，这是一句电影台词。
[2] 讽刺的是，1794年，在法国大革命如火如荼之际，拉瓦锡正是死在吉约坦发明的这种锋利的斩首机器之上。

所有这一切都表明,科学是有偏见的。它倾向于发表引人注目的结果、新颖的结果,以及能够证实或支持类似发现的结果。它偏向积极的、引人注目的表达。

在下一次做出引人注目的表达时,不妨试着做出这样的动作:站起来,挺直腰杆,双脚分开,下巴抬起,像神奇女侠那样把双手放在臀部。你现在感受到强大的自信心了吗?

还是说你觉得自己有些傻里傻气?你的反应可能取决于你是否看过史上第三热门的TED演讲[①]。2012年,心理学家艾米·卡迪(Amy Cuddy)根据她和同事达娜·卡尼(Dana Carney)在几年前发表的一篇科学论文,在TED发表了一个有关"强力姿势"的演讲。在这段颇受欢迎的演讲(其播放量已经达到了6 100万次)中,卡迪描述了神奇女侠的姿势对你的压力水平和自信心的影响。这是一个说服力强且扣人心弦的故事,但存在一个小问题:它是错的。

尽管很多人尝试复现卡迪和卡尼得出的结论,但没有一个人成功。2015年,卡尼发布了一份声明,称该工作存在缺陷,效果并不真实。然而,卡迪依然在学术圈之外推广这样的观点。这个观点仍然存在,而且仍然很受欢迎。政客们会摆出所谓的强力姿势,试图让自己显得更加自信(不过在大多数情况下,他们看起

---

① 但它的内容质量远远不如2015年所有TED演讲中观看人数第六多的"爱情数学",请一定要去看一看,好吗?

来倒更像是穿着不合身的裤子或是稍微有些驼背）。

有大约数百个高调的科学发现已被证伪，它们都曾令人为之欢欣鼓舞，且都在热搜榜上占据过一席之地，上述案例只是其中之一。这种现象现在被称为"可重复危机"。它对心理学的影响尤为显著，但所有学科分支在一定程度上都会受到影响。那些发表在重大期刊上的、有知名作者署名的、经过了大量宣传的重大发现有可能实际上并不可靠，在统计学意义上站不住脚，有时甚至是完全错误的，因为科学是由人所设计、实施、讨论和宣传的。与大胆创新相比，重复别人的实验没有那么有趣，因为这既费时又昂贵，而且如果它们之前是正确的，那么你成功复现之后它们仍然是正确的，你所做的只是确认罢了；可一旦它们错了，实验者原本极高的声誉和大规模的投资（情感上和经济上的都有）就都会受到威胁。

但是结果可重复是科学发展过程中绝对不可动摇的基石，你得出的结果必须要由他人独立验证。早在17世纪，英国皇家学会的创始人就深知这一点，他们在建立有史以来第一个国家级科学组织（这也是我们所说的"科学革命"得以发生的重要因素之一）时，选取了这么一句话作为他们的拉丁文会训："不随他人之言。"我们认为，这意味着真正的科学方法依赖于数据和结果的共享，这样它们才能够得到反复的检验，同时避免仅仅因为某位重要人物认为某件事情正确就妄加断言。当然，在实践当中，我们不可能亲自从头开始进行每一项实验，因此我们必须依赖于这样一个假设：我们站在巨人的肩膀上，而我们脚下的巨人们诚恳而出色地完成了工作，他们的工作完全合格。正是由于这个原因，当代科学方法高度依赖于检验和修正。

但检验和修正并不是总能奏效。可重复危机是真实存在的，并且证真偏差会添柴加火。这意味着我们产出并向外传播的所谓科学真理中，有一些根本就不是真理。

我们有时会吹嘘，科学的强大在于它能够自我纠偏。这是对的，但只有在"当我们纠正它时"才成立。这种纠正不会突然间如奇迹般出现，而且科学也不能幸免于人类的失败。这是因为它总要由人来执行，但人类的头脑受困于那些根本没想着寻求真相的默认设置。我们确实有能力发现这些偏见并修正它们——只要我们意识到它们的存在。所以，警惕试图欺骗你的人固然相当重要，不过同样需要时刻警醒的是，你自己的大脑也已决心要欺骗你。

第 8 章

我的狗爱我吗？

在这里

沉睡着这样一具遗骸，

美丽而不虚荣，

强大而不傲慢，

勇敢而不凶残，

拥有人的所有德性，

而没有人的任何毛病。

19世纪早期的诗人、名流、赌徒和猎獭的性变态拜伦勋爵写下了这段优美的墓志铭，以此向他最爱的朋友致敬。这段文字纪念的可能是他唯一关系单纯的伴侣，其生命的最后阶段可能一直在拜伦的怀中受到他的关爱。拜伦与男人、女人、有血缘关系的亲人，以及在剑桥大学的学生宿舍里养过的一头熊（参见下页特别板块）都有过不同寻常的关系，但他爱得最深、最刻骨铭心、最撕心裂肺的是他的狗。这篇墓志铭实际上是拜伦为"水手长"（Boatswain）写的，那是他心爱的纽芬兰犬，死于狂犬病。

显然，拜伦很爱水手长，而本书的两名作者同样也是爱狗人士。拉瑟福德家里新来了一只名叫"杰西"的惠比特犬，而可卡颇犬"茉莉"则是弗赖伊家里的老成员了。包括我们在内的很多人都深深爱着自己的宠物狗。

爱是什么？一个多世纪以来，它一直是科学研究的主题之一，无论是对宠物、对其他人的爱，还是对某个没有生命的物体的爱。爱一个人（或物）是什么感觉？哲学家、音乐家、作家和浪荡的诗人在这个问题上耗费的精力比科学家多得多。但是在本章，我们给自己设置了一个更大的挑战：我们要探究的并不是我们是否爱自己的狗，而是狗是否也爱我们。

如同所有养过宠物狗的人一样，我们对狗问得最多的问题是"你想出去散步吗？"、"你饿了吗？"以及"谁是我最可爱的乖宝贝？"。这些问题的回答可能是"想"、"饿"以及"是我吗？"，而更复杂的问题就更难回答了。狗能感受到快乐、悲伤和疑惑吗？"水手长"就真的没有虚荣和傲慢，而只有强大和勇敢吗？猫真的像它们的行为所表现的那样目中无人吗？狐狸总是在夜里如婴儿啼哭般尖叫,是因为遇到了什么开心的事情吗?无论怎么想,我们在探究动物情感背后的科学问题时,都会在根本上遇到阻碍,这很好理解:动物无法切实说出它们的感受。

拜伦的科学遗产

拜伦勋爵饲养那头熊是为了抗议三一学院禁止他将自己心爱的狗养在学院里的规定。严格来说,剑桥大学并没有在有关宿舍和宠物的规章制度中明确提到"熊",于是作为一个喜欢耍小聪明的人,拜伦辩称校方无法否认这位外观像熊且食肉的动物其实是他的大学同学。这是拜伦一系列传奇故事中相当典型的一例,他一生放荡不羁,甚至他的一个情人都形容他是"疯狂、败坏的危险分子"。在他短暂的一生中,充斥着缤纷多彩的故事,里面有错押的赌注、荒淫的性事、冒险、流言、痴迷以及影视剧中上演的上流社会的生活图景和荒唐闹剧。

尽管历史学家可能不会认同这一点,毕竟他们总是崇拜那些道德有问题的纨绔子弟,可不得不说,拜伦最伟大的遗产虽然都与科学有关,但根本就不能算是他的遗产。

首先是他的女儿,才华横溢的阿达·洛夫莱斯(Ada Lovelace),她被公认为世界上第一个计算机程序的创造者,这甚至比计算机真正被制造出来的时间早了一个多世纪。她与古怪而热情的发明家查尔斯·巴比奇（Charles Babbage）之间的密切合作维持了很多年，这个发明家的形象和《飞天万能车》里面的卡拉克塔克斯·波茨很像。他们当时正在筹划建造一台"分析机"，这可以看作是维多利亚时代的电脑，它由蒸汽驱动，有一座大教堂那么大。如果二人当初能从政府那里获得资金，那么这一切都会实现。想想看：这个世界距离维多利亚信息时代真的只有几步之遥——巨大的计算机由电缆连接着，排列在泰晤士河两岸，它们一边吞食着煤炭，一边吐出穿孔卡片。

查尔斯和阿达都迫切地希望他们的计算机能够落成，但查尔斯认为这只不过是一台巨大的计算器，只有阿达明白这项发明意义重大。她知道这东西绝不仅仅是一台算数用的机器，而她的观点将会直接影响到100年后的艾伦·图灵。阿达写过一句很著名的话："就像织布机可以织出花叶的图案一样，分析机可以织出代数的图案。"这说明她已经意识到，总有一天电脑可以帮助我们创作艺术和音乐。原来早在150年前，就已经有人预言了音乐播放平台Spotify和图像处理软件Photoshop的诞生。

至于拜伦的第二个伟大遗产，那就要从他在位于日内瓦湖畔的别墅度假时说起了，那是 1816 年，他让 18 岁的玛丽·雪莱编一个恐怖故事。玛丽在日记中写道，在经历了几个喧嚣的夜晚之后，忽然有一天月光从她的百叶窗中倾泻而下（2011 年，天文考古学家证实了这一点：1816 年 6 月 16 日这天，日内瓦的月亮确实异常明亮），于是她就开始创作这篇故事。其主要内容是用死刑犯的身体部位创造出一个怪物，再用新发明的电击疗法使刚刚死去的人的肌肉抽搐起来。这个故事最终在 1818 年以《弗兰肯斯坦》的名字发表，它可以说是世界上第一部科幻小说，也是史上最重要的科幻作品之一。无论如何，玛丽·雪莱对于拜伦式的闹剧并不反感：她在墓园中把自己的完璧之身献给了她未来的丈夫珀西·比希·雪莱（Percy Bysshe Shelley），并且在珀西死后将其心脏烧成的灰烬用丝巾仔细地包裹起来，放在他的诗集当中。这个做法实在太哥特了。

在科学研究当中，我们之所以通常求助于动物，是因为研究人类太复杂了。而现在局势反转了，因为人类拥有丰富的情感，而且最关键的是人类会说话，我们的内心状态在过去几千年里一直是文学和科学中经久不衰的主题。在感到难过、生气、高兴或无聊时，我们可以向别人倾诉。我们可以用艺术或文字（甚至是哑剧）来表达我们思想和灵魂中的东西。我们的文化依赖于用别人能理解的方式来表达自己的感受，而在过去的两个世纪中，科学紧随着文化的潮流，试图了解我们的感受是如何在我们的身体上得以体现的。但问题在于，情感（那些与感知密切相关的神经系统内部的生物学状态）的定义相当不明确，这很奇怪。你可能会以为我们现在已经解决了这个问题，但它仍然是一个充满分歧和争论的研究主题。情感究竟是什么？科学界目前尚未达成共识，无论是对于人类的情感，还是动物的情感。所以，虽然我们希望你可以足够勇敢、深谋远虑、慷慨激昂，而不要焦虑、惶恐不安、灰心丧气，但我们无法保证你在看完本章节的内容之后还能保持乐观的心态。

达尔文的法国朋友在实验中电击了一位老人的脸

1872年，查尔斯·达尔文顺风顺水，好运连连。在过去的13年间，他发表了人类历史上最重要的两部著作，现在是时候抛出自己的第三本重磅巨著了：《人和动物的情感表达》。毫无疑问，这本书再度引起巨大轰动。达尔文试图理解动物（包括人类在内）的内在情感状态以及它们与脸和身体的外在表达之间的关系。其中有整整一个章节都在讨论脸红的问题，还有一章则在讨论哭泣。他写道，当奶牛"高兴地到处乱跑"时，它们会"滑稽地扬起尾巴"。书中还描写了一匹汗流浃背的马，它正在经历痛苦万分的分娩过程，它的旁边还站着一匹焦躁不安的马。达尔文还非常细致地观察了猴子的脸，并用很长的篇幅记录在书中。

在一个值得关注的段落中，达尔文描述了一次前往伦敦动物园的旅行，他在那里为一只猴子介绍了一只淡水龟，然后看到猴子惊讶地扬起了眉毛。他还把一个精心装饰的小玩偶展示给冠猕猴看，并且记录下了这只猴子瞪圆双眼、目不转睛地盯着它的情形，达尔文将其理解为恐惧。他认为，这些灵长类动物拥有类似人类的情感。

早在1838年，达尔文就曾与一只名为珍妮的猩猩相处过一段时间，并且注意到它的行为很像一个小孩子。当一名动物管理员故意扣下它的苹果时，珍妮"趴在地上又哭又闹，活像一个淘气的孩子。后来它显得非常生气，于是在两到三轮的哭闹之后，管理员对它说：'珍妮，如果你不哭，做一个好孩子，我就把苹果给你。'它当然听明白了这句话中的每一个字，尽管它像个孩子一样费了很大工夫才停止抱怨，但终究还是做到了，于是它得到了那个苹果"。

猿类似乎常常会有与人类相似的反应和表达，但达尔文注意到，他从未见过猩猩皱眉头。我们仔细回想了一下，确实是这样。

纵然达尔文讨论了很多关于猴子发脾气的事情，但他的这本书主要关注的还是这一切对人类来说意味着什么。他通过研究动物的表情检验了以下观点：进化偶然发现了情感是动物与其他个体交流其内在状态的一种方式，我们的脸和身体通过向外表达情感，提供了通往内心深处的感受和灵魂的途径。

之后，达尔文仔细考虑了这一切对于人类情感的本质有何意义，并花费了很大力气确定了人类的脸能够做出什么样的表情。他研究了演员在表达愤怒或厌恶时才会摆出的那种苦笑表情的照片，以及婴儿和孩子们的脸上挂着幸福或是嘲讽表情时的照片。

他还试图解释肌肉组织是如何做出这些表情的，为此他寻求了法国科学家纪尧姆-邦雅曼-阿芒·杜兴·德布劳内（Guillaume-Benjamin-Amand Duchenne de Boulogne）的帮助，有一种可怕的疾病是以他的名字命名的，那就是杜兴氏肌肉营养不良症。和达尔文一样，杜兴对支撑人类做出表情的肌肉非常感兴趣，他决定用最具科学活力和创造性的方法来测试这些肌肉。讲几个笑话来逗人笑是行不通的，拿一只淡水龟给他们看也不行。杜兴决定通过电击一个老人的脸来检验理想化的面部表情。

用杜兴自己的话来说，这个实验的被试者是一个"牙齿掉光了的老男人，面庞瘦削，他的五官不是极丑，接近平均水平"。一般来说，这样描述你的实验被试者不太合适，但那可是19世纪60年代，学术规范与现在差别很大，至少他们的实验取得了这个人的许可。杜兴将两个带电的金属探针置于被试者脸上的不同位置，以便分离出不同表情所涉及的肌肉。人类的面部总共有42块这样的肌肉，它们通过相互协作来做出扫视、眨眼、鬼脸、微笑、假笑等所有可能出现在我们脸上的表情。每当肌肉收缩时，杜兴都会仔细地观察皮肤上的皱纹，最终他建立了一份面部扭曲的目录。虽然这些表情稍纵即逝，但摄影技术恰好在那之前几年刚被发明出来，让捕捉这些表情成为可能。这个没有留下姓名也没有牙齿的男人看起来好像并不是特别高兴，不过杜兴似乎玩得很开心。

图 8-1　杜兴电击老人的脸，并记录下老人的表情

这些照片，以及那些演员和孩子的照片，可能是历史上第一批被印在书上的照片，并且在很大程度上为达尔文关于人类情感的论著奠定了基础。凭借对几十种情感的研究，达尔文得出了结论：有些情感在许多动物身上都很常见，并且我们每个人都会通过相同的动作来表达同样的精神状态，比如强烈愤怒下的皱眉、高兴时的手舞足蹈、惊恐的时候瞪大双眼。达尔文将人类复杂的感受归纳为6种普遍存在的情感：愤怒、恐惧、惊讶、厌恶、快乐和悲伤。

😡😱😮🤮😀☹️

2004年残奥会期间，美国心理学家戴维·松本（David Matsumoto）和鲍勃·威林厄姆（Bob Willingham）找到了一种研究情感科学的新方法，那就是仔细观察柔道赛场上发生了什么。在决赛或者铜牌赛中，高速相机会捕捉到运动员脸上的表情。胜利者红润的脸上洋溢着喜悦，而失败者的脸上则浮现出悲伤和不服气。但是松本想研究的是两类具有代表性的运动员之间表情的差异，即拥有视力的运动员和天生失明的运动员。

所有的柔道冠军，无论视力正常，还是后天失明，或是天生失明从未睁开双眼看过这个世界，他们在获得胜利的那一刻都会表现出同样的面部表情。有些运动员从来没有在别人脸上看到过快乐的表情，然而照片显示了运动员的颧大肌（连接嘴角和颧骨的肌肉）在获胜之后收缩的过程，这让他们嘴角差不多咧到了耳朵根上，露出了开怀的笑容。他们的眼轮匝肌（眼窝周围的肌肉）会活动起来，拉起他们的脸颊，使他们的眼睛微微眯起来，表现出最真实的喜悦。

这项体育活动的例子证明了达尔文的伟大思想：情感是人类

天性中与生俱来的一部分。如果柔道比赛中的例子是通用的，那就可以说明我们的情感是普遍的，而表达情感的关键就在于我们的脸。

这也是保罗·艾克曼（Paul Ekman）的理论，他是20世纪心理学的先驱之一。从20世纪60年代起，艾克曼全身心致力于整理达尔文的思想，试图以科学的方式将人类普遍情感的概念表述出来。在他最具影响力的实验中，他让演员做出皱眉、咧嘴大笑、惊讶地瞪大双眼、痛苦地瑟缩等表情，并将其拍摄下来，展示给全世界的人看。其中有些人来自巴布亚新几内亚的偏远部落，他们几乎没有接触过西方文明。根据艾克曼的实验结果，所有人都认为微笑是一种快乐的体现，而恐惧的表情也无一例外地被人识别出来，哪怕是巴布亚新几内亚人也能准确地判断出这些表情背后的情感。艾克曼据此得出结论，我们面部肌肉的扭曲反映了基本的情感状态，一如生物学大师查尔斯·达尔文的描述。

这个情感理论似乎是对的，起码从直觉上来看是这样。孩子们会被教导如何识别快乐、悲伤和愤怒的表情，21世纪的我们还给每一种情感都配上了专属的表情符号，而一旦社交媒体在这些表情符号与我们的感受之间成功建立联系，那它们就会成为交流过程中的速记符号。皮克斯出品的电影《头脑特工队》正是基于这样的理念，让这些普遍的情感（不过电影中没有包含惊讶，这真令人惊讶）在主人公的头脑中分别扮演了不同的角色。这些达

第 8 章 我的狗爱我吗？　225

尔文主义的观点捆绑在我们的文化当中：人们普遍认为我们可以对情感进行分类，并且可以从我们的表情中解读出这些类别。

这个理论只有一个小问题：它是错的。

😐 读不懂我的扑克脸

这种经典的情感观存在一些问题，我们从最明显的部分开始谈起：你的脸并不总是会说实话。这不只是清修的僧侣或者板着脸的扑克高手才能做到的事情，我们每个人都明白可以通过控制面部表情来隐藏自己内心的感受。我们之所以认为这一问题显而易见，是因为存在着一个规模高达数万亿美元的产业，它主导着我们的文化，每天都会给我们的生活带来快乐、悲伤、兴奋、欢笑和恐惧，而它完全建立在内在感受和外在表达间的脱节之上。这个产业就是演艺圈，演员的工作就是表达出他们实际上并没有感受到的情感。在电影《闪灵》中，当杰克·托兰斯在浴室的门上用斧子劈开一条缝，意图谋杀他那正因害怕而尖叫着的妻子温蒂时，杰克·尼科尔森（杰克的扮演者）并没有受到早已亡故的印第安亡灵的蛊惑，谢莉·杜瓦尔（温蒂的扮演者）也不担心自己真的会受伤，而在这组镜头拍完之后他们都笑了起来。卢克·天行者在发现达斯·维德其实是自己的父亲时，他那张因哭泣而扭曲的脸，还有那句慷慨激昂的"不！！！！"并不会因为他知道维德其实是声音尖细、操着浓重的西部乡村口音的健美运动员大卫·普劳斯①而失去力量。至于《当哈利遇到莎莉》，我们非常确定梅格·瑞恩（Meg Ryan）没在餐厅里出现性高潮，而她所饰演的角色莎莉也正是通过假装高潮证明了，无论你认为自己有多么了解另一个人，你都不可能真正了解他的内心状态。

讽刺的是，达尔文和艾克曼在检验人类基本情感状态是否存在时，请来的被试者居然刚好就是演员，而有关人类情感的所有研究都是建立在这个基础之上。巴布亚新几内亚人看到的照片就像达尔文那本书里的许多照片一样，上面尽是些根本没有表达出自己内心情感状态的人，他们在科学家的指导下假装做出表情，而这些科学家早已预先决定了这些表情的模板应该是什么样的。

说到模板，那么，你会觉得快乐、悲伤和厌恶必须以某种特定的方式呈现出来吗？想想你最喜欢的电影和你最喜欢的演员。露皮塔·尼永奥、梅丽尔·斯特里普、阿尔·帕西诺、丹泽尔·华盛顿、海伦娜·博纳姆·卡特以及其他所有伟大的演员之所以如此擅长表达复杂的情感，是因为他们做出的表情并不是那种

---

① 大卫·普劳斯是拍摄中穿着戏服的演员，他也在片场说了台词。而维德铿锵有力的嗓音则来自詹姆斯·厄尔·琼斯，他在后期剪辑中为维德这个角色配音。普劳斯在片场中说出的台词其实是"欧比旺（Obi Wan）是你的父亲"，因为导演想对其他演职人员保密。这个脚注可能会破坏你的观影体验，但是《星球大战：帝国反击战》上映距今已经40多年了，这么棒的电影居然还有人没看过？

第 8 章 我的狗爱我吗？　　227

能够让我们立即识别为某种人类基本情感的表情。上一次有人因为苦大仇深的皱眉或是悲伤的噘嘴而获得奥斯卡是什么时候？罗杰·摩尔虽然讨人喜欢，但他是一个相当糟糕的演员，因为他在表达情感的时候总是扬起眉毛，别的再也没有了。当里克对伊尔莎说，为了在卡萨布兰卡抗击纳粹，她应当放弃两人之间的深厚感情，登上飞机离去时，英格丽·褒曼没有像表情符号那样噘起嘴巴，瞪大眼睛。她不可能这么做，只有糟糕的演员或小丑才会这么做，而《卡萨布兰卡》这样的电影中不可能会有小丑。

😳惊讶！

然而，我们依然坚持使用这些表情符号来代表我们的感受。惊讶：眉毛扬起、瞪大眼睛、嘴巴张开成O形，甚至下巴也会掉下来。所有人都知道惊讶的表情是什么样，那为什么要在科学上检验这个表情与惊讶的联系？

因为这并不完全正确。鉴于之前的那些观念深入人心，我们觉得这可能会让你感到惊讶。现在你的脸上浮现起了很夸张的表情吗？我们估计没有，因为事实证明，在令人惊讶的事情发生时，绝大多数人根本不会做出我们刻板印象中的那种惊讶的表情。

2011年，有两个德国人做了一项令人震惊的实验，心理学家阿希姆·许茨沃尔（Achim Schützwohl）和赖纳·赖森蔡恩（Rainer Reisenzein）决定真的吓一吓实验对象，然后观察他们的脸在这种反常状态下会变成怎么样。对此毫不知情的被试者会被带到一个光线昏暗的房间里，然后戴上耳机，耳机里面会播放4分钟弗朗茨·卡夫卡的有声书。在《法律门前》这个故事中，一个人试图说服看门人让他通过，但多年来一直都被拒绝，直到死去也没能通过这扇大门。这是一则寓言，不过我们不需要理解它的寓意。

按照实验者的要求，被试者在房间里听故事，而实验者在外面等故事播放完，然后被试者离开房间，他们本以为自己会被问到关于这个故事的问题（因为实验者告诉他们这个故事是记忆测试的素材）。然而在这4分钟里，许茨沃尔和赖森蔡恩在门外迅速建造了一个新的、明亮的绿色房间，里面没有任何家具，只有一张红色的椅子，上面坐着一个陌生人。当不知情的被试者打开门时，他们所身处的已经不是走进来的那条走廊，而是一个完全不同的空间，这里有一个奇怪的人会盯着他们看至少15秒钟。

所有被试者都认为这个惊悚时刻确实非常令人惊讶，而且他们也以为自己用面部表情表达了惊讶。这个房间里提前安装了录像设备，实验者根据艾克曼的理论对被试者的面部表情进行了编码。从一条走廊走进一个房间，结果在走出来的时候，原来的走廊已经变成了一个完全陌生的地方，并且面前还坐着一个完全陌生的人，这是相当奇怪的事情，然而只有五分之一的参与者做出了典型的惊讶表情。这个新的房间是经过专门设计的，目的是借由进化论的原理引发这些人在遇到意外情况时做出的那副表情：环境突然从昏暗变得明亮会让眼睛不由自主地睁大，这是为了让新信息更快涌入大脑，以防陷入危险。但是研究人员的做法没有奏效。即使将走廊里的陌生人换成一位熟知的朋友，那个比例也只是上升到四分之一。大多数人都没有做出那样的表情。

面部表情的工业化

尽管已有越来越多的研究者对艾克曼关于拆分人类普遍面部表情的观点提出了质疑，但情感识别已经成为机器学习领域的研究热点。

机器视觉现在已经能够根据艾克曼的理论捕捉面部表情并对其进行分类，迪士尼会在电影上映之前测试它们引发的情感反应。在影院中放映影片的同时将摄像机对准每位观众的脸，算法会在摄像机捕捉到观众的反应时分析这些画面，看看在放映到某些画面时这些人到底在笑还是在哭，以及他们有没有将注意力集中到正确的地方。巴塞罗那的一家喜剧俱乐部也采用了类似的方式，他们甚至决定观众可以免费入场,但是每笑一次就需要缴纳0.3欧元,而整个晚上所有演出的收费上限是24欧元。

假如赌注只是一部没意思的迪士尼电影续集(说的就是你,《冰雪奇缘2》)或是一张昂贵的喜剧演出票,那么风险倒是不大。但要是艾克曼的情感分类与人工智能的自动化授权结合起来,那就相当危险了。

机场中的摄像头会时时刻刻对准所有乘客,寻找那些面部表情中显露出内疚、犹疑等典型标志的人。中国香港有一家初创企业正向学校兜售一项新技术,他们声称该技术可以监视学生在课堂上有没有集中注意力。世界各地的某些医院已经开始运用这类算法来确定慢性疾病患者的"真实"疼痛程度,并以此来决定是否需要对他们采取药物治疗方案。

一直以来,这些技术所使用的算法都是基于演员对某种情感的刻板印象所做出的表情,而这些演员都是根据科学家对这些情感的统一定义来训练如何收缩和放松面部肌肉的。但我们知道,总的来说真实的脸上不会出现这些刻板的表情。一项对发表于2019年的1 000多项研究的元综述发现,平均而言,我们只会在20%~30%的时间里做出艾克曼式的表情。无论技术多么先进,科学都无法帮助你从一个人的外表推断出他的感受。

松本和威林厄姆在残奥会的柔道赛场上所做的研究也发现了类似的结果。拥有视力的选手和先天性视障选手的表情没有统计学上的差异，但这并不意味着每个人的表情都是一样的。无论参赛选手的视力如何，他们的肌肉在微笑时都很可能会收缩起来，使得他们抬起脸颊，同时眯起双眼。但是在67名视力正常的选手中，只有37人出现这种情况；在17名天生失明的选手中，只有7人出现这种情况。在视力正常的选手中，大约不到一半的人会垂下自己的下巴（在视障选手中则略多于一半）。另外，67名视力正常的选手中只有30人会嘴角上扬，做出微笑的表情；17名天生失明的选手当中，会做出微笑表情的人数则是11人。

这并不是说人快乐的时候不会笑，他们当然也是会笑的，可能还经常笑。但是如果你要宣称微笑等于快乐（或是快乐等于微笑），那就大错特错了。艾克曼和他的研究团队所倡导的刻板表达就是这样。那些规则并不是对每个人都适用。期待一个人在感到惊讶、厌恶或快乐时会做出惊讶的表情、厌恶的表情或是高兴的表情，这有点儿类似于把鸟类定义为"长着翅膀并且可以飞的东西"。这个描述看起来好像很完备，但只要你再仔细想一想，就会找出渡渡鸟、蝙蝠、鸵鸟和蜜蜂这些反例。生物学远远比你想象中的更复杂。

那么，这对普遍情感理论意味着什么呢？艾克曼发现巴布亚新几内亚的偏远部落中的人可以熟练地识别演员脸上的表情所表达的情感，这意味着什么？

到了21世纪，卡洛斯·克里韦利（Carlos Crivelli）和塞尔吉奥·哈里略（Sergio Jarillo）走进了特罗布里恩部落，这是一个靠捕鱼和种植为生的部落，他们甚至与其他巴布亚新几内亚人都没什么接触。克里韦利和哈里略学会了当地的语言基里维拉语，并且给自己起了特罗布里恩名：克里韦利的新名字是"克拉卡西"（Kelakasi），哈里略的新名字则是"托诺格瓦"（Tonogwa）。他们在2016年用艾克曼的照片在特罗布里恩做了一次重复实验，却得出了完全不同的结果。总的来说，艾克曼的预测大约只有不到四分之一得到了认同，这意味着特罗布里恩人无法识别那些我们将之与基本情感联系在一起的面部表情。快乐这一情感的实验结果与艾克曼的早期结果相当吻合（但也不是完全吻合），其他几种情感的差异则更大。瞪大眼睛，张开嘴唇，喘着粗气——西方人将这副表情与恐惧联系在一起，而特罗布里恩人则将其解读为"愤怒"。

克里韦利和哈里略学会了基里维拉语，这一点对这项实验至关重要。艾克曼在他的研究中雇用了一名翻译，并为其提供了一张对应着照片的情感列表，其中的照片很可能就是后来展示给被试者的照片——换句话说,艾克曼可能在不经意间引导他们找出了一个他们本来不会给出的答案。如果被试者在面对某个表情时看起来陷入了迷惑,翻译就会给出一段背景故事来引导他们理解——这个人的孩子刚刚去世,他做出的这个表情是什么?

一段故事可以帮助特罗布里恩人更容易地判断出某种情感,但并不只有他们是这样。好莱坞早就知道,表情周围的环境是决定一切的关键(参见下面的特别板块)。社交网站上的表情符号同样如此。神经学家莉莎·费德曼·巴瑞特(Lisa Feldman Barrett)发现,如果给出一组情感的选项供人选择,那么被试者就会更容易识别出这些词汇。在没有提示的情况下,人们依然可以分辨出"快乐"和"惊讶",但是分辨出其他结果的概率就不比随机猜测更高了。

让我们的思绪再次回到巴布亚新几内亚。当地人对所有照片最普遍的反应并不是某个特定的情感,而是"我不知道"。多年来,有许多相当可疑的科学研究都将特罗布里恩人作为被试者,也许他们只是不想理睬研究人员的要求罢了。

悬疑大师希区柯克

阿尔弗雷德·希区柯克被广泛认为是有史以来最伟大的电影导演之一,也是一位操纵人类情感的大师。他毫不掩饰自己借用悬念、音乐、剧情和惊悚的力量来达到此目的的意图。《惊魂记》《西北偏北》和《迷魂记》无论放到哪个类型里都是最好的电影，很大程度上就是因为他能够随意摆布我们的情感，尤其是在悬疑方面："爆炸并不可怕，等待爆炸才可怕。"

最好的电影就是一台情感操控机器，而希区柯克非常清楚它的威力。在1964年的一部短片（讲述了一位西装笔挺、抽着烟的记者——那毕竟是20世纪60年代）中，他解释了语境是如何帮助人们解读面部表情的。

他展示了自己的一段视频，胖胖的，长着双下巴，表情严肃，然后画面切换到草地上，一位母亲正与她蹒跚学步的孩子一起玩耍，之后镜头又回到希区柯克的脸上，他笑了起来。"他是个什么样的人？他是个善良的人。"然后他又放了一遍视频，只不过这次将中间妈妈和孩子的片段替换成一个穿着比基尼的年轻女子。"现在他又是个什么样的人？"希区柯克问道，"一个猥琐的老男人。"

这个简短的剪辑清楚地展示了我们的面部表情与所处环境的关系。从善良到猥琐的转变只与我们感觉到主人公看过什么有关。它展示了通过暗示来操纵观众有多么容易，这在艾克曼的实验中很可能会发生，当然也确实发生了。

> 在此需要声明，希区柯克确实是个猥琐的老男人。他在银幕上操纵情绪的能力极高，但很遗憾，他对自己电影中的女演员所实施的骚扰和虐待同样臭名昭著，其中一些女演员的职业生涯直接葬送在他的手中，仅仅是因为希区柯克对其心生怨恨。

情感的范围

我们的内心状态与我们的外在表达并不一致。我们可以用脸的变化来表露心迹。我们会控制面部的42块肌肉（人类面部的肌肉数量比其他任何长着脸的动物都要多），把自己的脸变成所有人都能识别和解释的样子，以此来表达自己的感受。哪怕一块小小的肌肉发生极其细微的变化，都有可能导致我们的表情从起床后的神采奕奕变成入睡前的睡眼惺忪。人们通常并不一定会将自己的情感摆在脸上，反过来也一样：解读出来外在的表情并不意味着可以确定内心的想法。

但达尔文关于人类情感的观点还有第二个更深层的问题，也就是人类复杂的情感或许并不能简单地被归纳为6个类别。很多人认为脸是通往心灵的窗户（这已经被证伪了），而这个问题超越了这一简单观念，它关注的是我们内心状态的简单性（或者复杂性）。在我们描述自己的感受时，这个问题就会变得很明显。

语言会泄露我们情感上的一些细节，它揭示了一些微妙的东西，包括那些无法察觉的差异，以及我们在描述感受时提炼文字的能力。英国人以擅长压抑自己的情感著称，当然这并不意味着他们感受不到情感，他们只是态度比较严肃。但是对于很多情感状态，英语中根本没有合适的词来形容。最著名的例子就是"为别人遭遇不幸而感到高兴"，德语会用 *Schadenfreude* 来描述这种状态，还有一例是"在遭到诘难的几秒钟之后才想到如何完美反击时的挫败感"，法语会用 *l'esprit de l'escalier* 来描述它。以下还有很多我们非常喜欢的例子。

Iktsuarpok（因纽特语）——反复看向窗外来确认对方是否已到达的期待感。

Natsukashii（日语）——怀念过去时产生的幸福感，以及对它一去不复返的悲伤。

Saudade（葡萄牙语）——一种深沉的情感状态，描述的是怀旧、乡愁之情，或是表达一个人对深爱着但已经失去的某事或某人的渴望。

Desbundar（葡萄牙语）——纵情欢乐，释放压抑。基本上就是指旁若无人地跳舞，但不要与接下来这个词混淆。

Mbuki-mvuki（班图语）——脱掉你的衣服，无拘无束地舞蹈。这可能会导致以下结果。

Pena ajena（墨西哥西班牙语）——看到别人丢脸时自己感到尴尬。

Gigil（菲律宾语）——想要拥抱或揉捏一些异常可爱的东西的无法压抑的冲动。

Feierabend（德语）——在工作日下班之后想要参加聚会的情绪。

Ei viitsi（爱沙尼亚语）——我真的什么也不想做，甚至都不想离开沙发。

Yugen（日语）——对宇宙奥秘的敬畏与好奇，可能最恰当的翻译应该是"我的天，太妙了"。

所有这些动人的辞藻，以及更多其他的词汇，表明了人类语言是为了能够描述我们的感受而进化的。它们是后天习得的，依赖于特定的文化背景，但是毫无疑问，即使你不知道那些情感的具体名称，你也能识别出每一种情绪。人类的复杂很奇妙，但也令人困惑，乃至令人沮丧。另外，尽管科学研究已经开足了马力，但是我们至今依然无法给出情感状态这一概念的准确定义。

这是目前对于达尔文分离情感的观点论述不够充分的最佳解释。将情感简化为几种普遍情感与我们的感受并不相符。试图定义基本的情感状态无法反映这样的事实：快乐、愤怒、悲伤、恐惧和惊讶并不是不可或缺的，也不是普遍的，并且也并不简单。它们不是情感的积木，也不是情感的亚原子粒子。快乐可以泛指所有积极的情感状态。你有可能因为别人讲了一个有趣的笑话而快乐，但快乐也可能是因为赢了一场赌局，或是你的亲朋好友实现了人生目标，或是踢进了一个球，或是你在化疗后终于摆脱了癌症的困扰。这些快乐千差万别，其重要性也不尽相同，但我们大体上都把它们称为快乐，因为如果有人问起"你感觉怎么样？"时，简简单单的一句"我觉得很快乐"可能是所有人都能接受的回答。你在遇到不同事情时感受到的快乐或恐惧可能全都不一样。对没踢进点球的恐惧和对被确诊为癌症的恐惧是一回事吗？当然不可能，但你可以用同样的一句"我很恐惧"来描述这两种情况。我们通常不会考虑自己内心情感状态在不同语境下的复杂性，并且学会了用语言来走捷径。

科学家在理解人类情感这方面高歌猛进，但他们似乎已经忘记了这一点。达尔文首先提出人类只有6种基本情感，然后其他人，尤其是艾克曼，在接过接力棒之后头也不回地向前狂奔。达尔文的观点在20世纪的情感科学研究当中占据了绝对的主导地位，但在这一过程中，所有人都忽略了研究的起点，那就是情绪是很复杂的，只是我们的语言出于需要而简化了它们的复杂性。

我们在科学和情感上都陷入了困境。你知道这句话是什么意思，因为你已经学会将语言作为捷径来应对包括困惑、费解和沮丧在内的情感状态。不过，掉进泡菜坛子①里也不是什么坏事。

其他动物

对人类的研究出现错误，这已经不是我们第一次在这本书里遇到如此令人沮丧的情况了。尽管我们渴望用语言来理解和表达我们的内心状态，但关于人类情感的科学研究仍然是一团乱麻。不过，本章开头所提的问题并不是关于我们人类的，而是关于我们的狗以及它们能否感觉到爱。

毫无疑问，动物确实能感受到基本的情感反应。虽然我们可能无法通过另一个动物的外在表达来准确地判断其内心深处的感受，但我们可以确信，许多动物都会表达恐惧等情感。许多动物在面对危险时都会睁大眼睛，也许这是为了最大限度地扩大视野，以便时刻保持战备状态。只要你不是铁石心肠，那么你就一定能感受到猫的呼噜声以及狗摇起来的尾巴代表着它们愉悦的心情，而它们在舒服（这是我们推测出来的情感状态）的时候都会眯起眼睛。达尔文在书中指出，小猩猩被挠痒痒时会咯咯笑，而

---

① Pickle一词除了"困境"之外也有"泡菜"之义。——译者注

黑猩猩在高兴时会大声嚎叫——他无法区分它们脸上的喜悦和感情，但确实观察到它们的眼睛"闪闪发光，比往常更加明亮"。他还提到杜兴（给老人施加电击的那个人）在家里养了一只非常温顺的猴子，当有人给它投喂美味佳肴时，这只猴子会扬起嘴角，就像我们微笑时所做的那样。

那么其他动物会拥有更复杂的类似人类的情感吗？动物会愤怒吗？当然，它们会表达暴力的威胁，但这里遇到的问题是，我们描述的情感很大程度上是以人为中心的。狗、狼以及黑猩猩在威胁别人的时候都会露出牙齿，甚至可能会发起疯狂的攻击，但这究竟是暴怒的表现，还是在面临危险时经过主动的深思熟虑之后做出的反应，我们无从得知。

一些坊间流传的证据表明，大象和一些类人猿在近亲死亡后会感到悲伤。这两种动物都会靠近同伴的尸体，看起来像是人类的悲伤和哀悼。最引人注目的是，在德国明斯特动物园11岁的大猩猩加纳身上发生了一个令人心碎的故事，2008年，它抱着自己死去的孩子的照片被刊登在报纸上，加纳因此而名声大噪。

但是要寻找参照物来理解动物情感的外在表达可能会很困难，没有任何动物拥有像人类这样复杂的面部肌肉组织。海豚，尤其是宽吻海豚的嘴巴永远往上翘，眼睛也总是睁得大大的，这让它们看起来总是春风满面、眉开眼笑，可事实上它们是海洋中居心险恶、残暴不仁的混世魔王。[1]海豚没有用于改变表情的面部肌肉，因此除了一张傻乎乎的笑脸之外，它不能传达任何情感。

我也曾后悔过

然而，偶尔也会有一些科学有效的方法可以用于检测动物是否具有更复杂的情感。如果一只松鼠在其他挑剔的松鼠面前弄掉了一颗坚果，它会感到尴尬吗？我们不知道。当鳄鱼把无辜而又娇嫩的小鹿拖入湖底时，它们会感到内疚吗？我们也不知道。老鼠在看到自己最喜欢的食物时，会不会因为不久之前刚刚吃下了不怎么美味的食物而感到后悔呢？答案是：它绝对会后悔。

你需要先了解一下有关实验用鼠的事情。首先，尽管老鼠有在垃圾堆中（包括我们不认为是食物的垃圾）刨食的名声，但它们也有一定的口味偏好。实验中的标准鼠粮一般是带有香蕉、樱桃、巧克力等口味的小颗粒，有些老鼠喜欢香蕉，有些则喜欢樱桃。老鼠没有那么挑剔，它们基本上所有口味都会吃一些，但只要有得选，它们肯定会多多选择自己更喜欢的味道。其次，老鼠

---

[1] 以下内容可能会引起不适。宽吻海豚会攻击、撕咬甚至杀死海豚婴儿，而年轻的雄性海豚则会组成团伙绑架年轻的雌性海豚，并通过极端暴力行为来阻止它们逃跑。海豚的鳍状肢上沾满了罪恶。

很聪明，学东西很快，并且训练起来很简单。食物的奖励是让老鼠帮助你做实验的主要动机：你可以以食物为奖励，训练老鼠来按下杠杆，甚至通过迷宫。

明尼苏达大学的心理学家亚当·斯坦纳（Adam Steiner）和戴维·雷迪什（David Redish）率先进行了一项实验，他们为老鼠建造了一个小型美食广场，想要以此来测试老鼠的一种非常具体且复杂的情感。他们将这个地方称为"美食街"，它差不多是一个八边形的场地，在相对的4个角上放置了4种可供选择的食物。设想一下你现在身处机场或是购物中心的用餐区，附近有一家汉堡店、一家比萨店、一家寿司店和一家炸鱼薯条店。你会在匆忙间选择一家店，但你最喜欢吃的是汉堡。

今天排队买汉堡的人很多，但是寿司和比萨都不需要等待。于是你为了尽快吃上东西，直奔比萨店，买了一块意大利辣香肠口味的。就在你大快朵颐之时，你突然发现汉堡店已经没人排队了，但为时已晚。手中的比萨已经吃了两口，没法再换了，你向自己保证下次一定会更加耐心。

现在你有什么感觉？可能会感到后悔。这是一种明显的负面情绪，但又不仅仅是简单的失望。除了自我反思的失望之外，后悔还带有含蓄的承诺：下次会做得更好——"如果我有足够的耐心，我就能吃到美味的汉堡了"。

这正是心理学家在美食街中设计的实验。他们会在实验中使用偏爱某一种口味（比如樱桃）的老鼠，然后训练这些老鼠将音调逐渐下降的哔哔声与等待食物出现的时间联系起来。当老鼠在美食街里穿行时，它可以听到每一种食物窗口发出声音的音调，并决定要等待还是前往别处，但只要它们离开，这种味道的食物就会被收回。老鼠不喜欢等待，但它们愿意为了某些食物（比如美味的樱桃味鼠粮）停留更长时间。科学家设置了这样的环节：有时，在最喜欢的地方等待了很长时间的老鼠，会转向它的第二个或者第三个选择，希望等待时间可以更短，但最终却意识到那里的等待也无法让自己满意。

这听起来很刻薄，而老鼠也确实因此而感到有些不开心，这是研究动物情感的绝佳时机。读到这里，你可能很想知道，我们要如何了解老鼠是否感到后悔，以及更重要的是，科学家要如何区分失望的老鼠和后悔的老鼠。老鼠的面部表情范围并不大，所以从它们的脸上看不出伤感和绝望，实验后的访谈在这里也派不上用场。但是这两种情绪下的老鼠会有不同的表现。当它们感到后悔时，它们会花一些时间转过头去，看看如果当时坚持等待就能吃到的食物。当它们只是因为等待时间比预期更长而对前往别处的合理决定而感到失望时，它们不会回头。更重要的是，它们从自己的急躁中吸取了教训。在接下来的实验中，老鼠会更坚定地等待樱桃出现。之前"搏一把"的企图并没有成功，所以它们变得更谨慎了。

这就是后悔的作用——从错误中吸取教训。这是一种非常复杂的情感,你必须根据概率来计算最优解,并意识到你的计算走歪了。你必须反思已经发生过的事情,并预测如果下一次你做出不同的反应之后会发生什么。

如今脑部扫描技术也很普遍,而这种技术不仅可以应用在人类身上。我们已经知道,当人类表达后悔时,其大脑中的某片区域会变得活跃起来,因此斯坦纳和雷迪什在老鼠游览美食街的时候暗中扫描了它们的头部,并记录下了大脑中位于眼窝前额皮质中的一片区域的活动,我们已知人脑中的这片区域会在人类感到后悔的时候活跃起来。斯坦纳和雷迪什看到了特定的细胞会随着口味和餐馆的不同而发生变化,从而得到了每个特定场景下的神经活动图像。当后悔的场景出现时,他们看到代表老鼠之前放弃的餐厅的细胞开始闪烁。老鼠的大脑被做出错误决定的那一刻的记忆点亮了,喜欢樱桃的老鼠在吃香蕉的时候脑海中想的还是樱桃。

我们敏锐地意识到,不能犯下我们在上一节警告过的错误。后悔是一种非常复杂的情感,我们无法确切地了解老鼠当时的感受,因为没有任何一只老鼠在惋惜自己本应得到的樱桃时突然唱起弗兰克·辛纳特拉的歌。但这个有些奇怪、有些刻薄却又非常巧妙的实验确实表明,至少存在一种动物拥有至少一种可与人类的感受相媲美的复杂情感。

这是爱吗？

在所有的情感中，爱是最伟大的。至少圣保禄在写给哥林多教会的信中是这么说的，大约96.4%的婚礼上也都出现过这句话。[1] 在过去的几千年里，几乎所有作家、作曲家和音乐家都曾尝试过定义爱是什么。20世纪80年代，留着狮子狗般的长发、玩着重金属音乐的白蛇乐队问《这是爱吗？》(*Is This Love?*)。20世纪90年代，曾经昙花一现的音乐人哈达威将这个问题扩大到了《爱是什么？》(*What Is Love?*)。但他们都没有尝试过给出一个全面的回答。多莉·帕顿和惠特尼·休斯顿宣称她们都会永远爱着一个未指明的人[2]，但却没有详细说明自己要通过什么方法来对抗时间的洪流。安妮·海瑟薇在令人眼花缭乱的科幻电影《星际

---

[1] 这个数字是我们编的，但确实大部分婚礼上出现过这段话。这段内容来自《圣经·新约·哥林多前书》，其开头是 "爱是恒久忍耐，又有恩慈；爱是不嫉妒；爱是不自夸，不张狂；爱不做害羞的事，不求自己的益处，不轻易发怒……" 后面还有很长一段类似的句子。当然，这段话相当优美，并且有助于定义这种模糊但强大的情感。然而，早期的由英国国王詹姆士一世钦定的《圣经》版本中却一次也没有提到 "爱"，而是谈论了 "善" —— "其中最伟大的是善"。婚礼上可不会出现这样的话。这封信中还有这样一段话："我作孩子的时候，话语像孩子，心思像孩子，意念像孩子，既成了人，就把孩子的事丢弃了。" 这本书你已经读到这里了，应该相当清楚我们都没能做到这一点。

[2] 《我将永远爱你》(*I Will Always Love You*) 是惠特尼·休斯顿演唱的代表作品之一，多莉·帕顿是词曲作者兼原唱。——译者注

穿越》中饰演的角色就抓住了这一主题,她说:"爱是一种能让我们超越时空的维度来感知的东西。"也许我们应该相信这一点,即使我们无法理解它。然而,她没有展示出自己的论证过程,所以我们不得不将其放到标记着"有待同行评议"的文件当中。

我们来看看维基百科是怎么说的:

> 爱包括一系列强烈而积极的情绪和精神状态,从最崇高的美德或良好习惯、最深的人际关系到最简单的快乐。

有人说浪漫已死。就像我们的很多情感语言一样,爱的含义不仅不精确,而且依赖于语境。本书的两位作者都非常热爱比萨,并且在写作过程中吃了很多比萨,但我们相信,我们对朋友和父母的情感和对比萨的情感不同。它和孩子对我们的爱不同,他们的每一次呼吸都好似心跳一般;它也不像是伴侣对我们的爱,坦率地说,这与外人无关。

通过功能性磁共振成像(fMRI)进行脑部扫描的实验表明,当我们看到自己心仪之人的照片时,我们大脑的某些区域会变得特别活跃,包括杏仁核、海马体和前额叶皮质等结构,这些结构都与快乐有关,但它们在性交、进食和吸毒时也很活跃。事实上,我们很难科学地区分对各种刺激的感受:当我们正在吃一片美味的意大利辣香肠比萨时,多巴胺的分泌是让我们感觉良好的关键因素，但当我们坠入爱河、做爱以及锻炼身体，甚至同时做这三件事情的时候（如果你真的很喜欢吃比萨的话，那就把它也加上），产生良好感觉的神经化学通路与吃比萨时完全相同。

多巴胺是一种化学物质，与我们大脑中充斥的快乐有关。它有助于解释在恋爱初期出现的心跳加快、手心出汗、焦虑和激情，但是醉酒的人也会表现出这些症状。事实上，根据2012年针对果蝇的一项科学研究，被雌性拒绝的雄性果蝇会喝上为有幸得到垂青的果蝇的4倍的酒，并且坠入爱河时被激活的神经化学通路在醉酒时也会得到激活。

尽管用于观察身体内部的技术越来越精密，我们可以更加细致地了解当我们感受到爱或者其他情感的时候发生了什么，但是"这个人被爱着"得不到任何签名、指纹或条形码的认证。这对于狗来说也一样。情感是很难理解的，它们的大脑中没有一盏表明它们能感受到爱的指示灯，但这是我们为自己设定的挑战。我们爱我们的狗，但我们的狗爱我们吗？

我们的狗爱我们吗？

数万年来，狗一直都是我们生活的一部分。尽管这方面的科学研究还没有定论，但人们认为狗是从一种已经灭绝的狼进化来的，而不是从现存的某种狼的血统进化而来。关于这种进化的过程，我们目前最合理的解释是，在冰河时期，食物资源很难获取，这些族群中不那么胆小的成员开始在人类定居点附近游荡，以人类的残羹冷炙为生。

我们不知道这些狼长什么样，但它们多半比现在的狼要小。一些尚有争议的证据表明，至少3.6万年前就出现了古代犬类，而德国的一处距今1.4万年的墓地中则埋葬着犬类的骨头。这些遗骸中包括一块颌骨，上面的牙齿不像狼那么密集，并且它们的鼻子也更短一些，我们认为这反映了人类为了降低它们的攻击性而进行的选择育种。我们还认为这些狗除了像今天这样作为人类生活的同伴之外，也是狩猎的伙伴，因为我们在密林中无法辨认方向，但是小而快的猎犬则可以穿行其间。

人类在掌握耕种技能之前就驯养了狗，从那以后，狗就一直是我们最好的朋友。当然，现代的狗种类繁多，活泼可爱。在过去的几个世纪中，我们一直在进行选择性育种，它们面部结构的变化非常明显——从哈巴狗的翘鼻子到惠比特犬无比英俊的长脸（当然，惠比特犬中最好看的就是我们的杰西·拉瑟福德）。这些可爱的面孔，是人类为了长相和功能而繁育出来的。但我们现在知道，其实人类已经在无意中选择了与人类交流的狗应该具备的面部特征。

所有的狗，从骑士比熊犬到罗威纳犬，它们都长有一块可以用于移动眉毛的肌肉，而狼的身上则完全不存在这种东西。犬类

第 8 章 我的狗爱我吗？

会动的眉毛形成了所谓的"幼态持续"现象，也就是说它们看起来总像是幼犬，甚至像是婴儿，这让我们乐于和它们感同身受，也会像对待婴儿一样养育它们。狗会对你做出的悲伤表情其实已经被深深地刻在其基因里，这些基因会让你更爱它。小狗狗的眼睛是我们人类自己创造的。

我们还根据自己的需求，通过育种改变了狗的大脑。2019年，科学家决定将我们多年来一直在自己身上使用的一些技术应用到33种犬类的大脑内部区域，其中有些与护卫有关，有些则与陪伴有关。惠比特犬是最好的狗，它们的大脑中负责视觉和空间运动的脑区非常发达。可卡颇犬同样是最好的狗，但由于它们属于杂交品种（可卡颇犬是贵宾犬和可卡犬的杂交种），所以没有被纳入研究，但是贵宾犬在嗅觉和视觉方面表现很好。所有狗狗都具有某些高度发达的脑区，它们都是乖宝宝。

虽然我们现在还不能把爱这样高深莫测的情感列入清单，但我们出于实用性的选择偏好已经让狗拥有一些令人满意的特征，比如忠诚、陪伴和关爱。

回到这个问题：我们的狗爱我们吗？科学不只有收集和分析数据，还是一个永恒的目标。我们渴求真相，但同时也承认我们永远无法触及真相。科学本身也是一种社会活动，它不仅关乎数据，也涉及分歧、讨论和争端。在人类情感和狗的内心状态这样的话题中，观点相当丰富，但数据极其匮乏，因此它们同样是辩论的沃土。甚至本书的两名作者在这个问题上的意见也不一致，这很罕见，但也令人愉快。

亚当：因为爱必然是属于人类的概念，无论你如何定义，它都只能由人类表达，因此这个问题的答案必然是否定的，杰西不爱我。只有人类才有爱的能力，因为这是人类的天性。杰西对我的感觉是一种属于狗的感觉，因此我无法形容。在学会说话之前，它无法向我描述它的感受。数千年来，人类通过选择育种培育了几百万代狗，让狗变得忠诚、实用，并且看起来就像小孩子一样，但它们比人类幼崽更加听话，狗和我们的关系建立在安全和保护以及我们为它们提供的食物、款待和爱抚的基础上。尽管上述所有因素的共同作用培养了一些从很多角度来看都与爱很类似的行为，但关于杰西对我的感觉，我也只能说到这儿了。可以预见的是，它也会有疯狂的一面，但是它如此可爱，如此有魅力，不可能不具备爱的能力（当然它可能确实对猫不会有爱）。但为了训练这个帅气而喜庆的小傻瓜，我设立了一套严谨的奖励制度。我很清楚，我们之间的爱很大程度上建立在我口袋里的鸡肉味小零食上。

要理解另一个人的内心体验是不可能的，但我们可以在味觉、颜色、情感，甚至爱的感觉上都达成一致。然而，我们无法与一条狗达成共识，就像我们无法知道，在公园里嗅闻其他狗的球的时候，它可爱的小脑袋里在想些什么。这是只有狗才能理解的东西，无论杰西对我怀着什么样的感情，我们的感受也无法互通。

汉娜：真是一派胡言，茉莉当然爱我。孩子和父母的关系也是建立在安全和保护的基础上的，但假如我们认为只有在发展出语言表达能力之后，我们才开始对父母产生爱，那简直是荒谬绝伦。

爱是双向的联系。用人类对于爱的感受而不是通过忠诚、陪伴和依恋等共通体验的外在表现来定义爱的行为，这是一种生物学上的傲慢自负。毫无疑问，根据后一种标准，狗狗完全拥有爱的能力。

更重要的是，即使亚当是对的，这也是一种类似于哲学思想实验"中文房间"在现实中的情境。在这个思想实验中，用中文书写的信息会通过一个信箱传递到一个密闭的房间。房间里有一个人，他会用中文写出有意义的回复，然后发送回来。问题在于，因为看不到房间内的情况，所以你无法分辨里面的人到底是可以熟练地运用中文还是压根儿对中文一窍不通，可能他只是在使用谷歌来搜索合理的回复。

同样，即使茉莉无法理解我传递的爱的信号，它也每次都给出了正确的回应。大脑中有爱的狗狗和没有爱的狗狗看起来完全一样，因此我们不妨相信，它们确实爱我们。

*

这是一场未完待续的争论。我们无法知道成为另一个人、狗或猫是什么感觉。我们一致同意的是,尽管我们之间有所分歧,但这并不重要。爱是非常难以确定和定义的,科学在理解宇宙方面拥有至高无上的权威,但是在对爱的研究当中却显得有些无能为力,它并没有为我们提供关于爱的最佳描述。让我们牵着各自的宠物出门散步吧,把这个问题留给画家、流行歌手和那些追求辞藻的诗人。

第 9 章

钥匙孔中的宇宙

几年前,本书的作者之一坐在意大利的阳台上,和一位前陆军驯犬师闲聊,当时他在为当地一位亿万富翁所豢养的两头狼担任驯兽师。不难想象,他一定经历过很多惊心动魄的故事,但他在驯犬方面的失败经历最有启发意义。

在重大冲突期间,往往会有大量现金越过边境和检查站被偷运出境。这是战时会有的一种持久而有害的问题,因为这些钱可能会被用于资助敌对武装以及恐怖主义行动。对军方来说,堵住这些渠道是一项严肃而重要的军事行动。狗是我们长期以来的忠实伙伴,它们拥有出色的嗅觉,因此军方想出了一个主意:对狗进行训练,使其能够嗅出藏匿的现钞,再让受训后的狗驻扎在边检站。

狗义不容辞地接受了挑战。它们很快就完成了训练,当检测出包里或是测试员的身上藏有现钞时,它们会立马向长官发出信号。于是,驯犬师将这些现金稽查犬带去实地执行任务,让它们找出已经越过边检站的违禁品。

但它们在实战中的表现简直就是一团糟。这些狗甚至连最明显的违禁品都没能找出来——它们对那些事后被发现携带大量现金非法越境的人置之不理,驯犬师也只能挥手放行。这些狗退出了实战任务,但它们在回到训练基地之后,仍然能够以100%的准确率嗅出藏起来的钱。

后来,一些机灵的人发现了训练中和实战中的现钞之间存在的一个小小差异,谜团终于解开了。为了防止丢失,训练用的现钞在放入包里和测试员的口袋之前,都包裹了塑料薄膜。军队训练的内容根本不是嗅出钱的气味,他们是在训练狗狗找出保鲜膜。

人们常说狗的嗅觉很灵敏。这是真的,毫无疑问,因为我们专门培育了一些新的品种,它们的鼻子足以比肩实验室中那些昂贵的设备,而狗狗当然比机器更灵活,更可爱。狗嗅闻东西的方式和人类差异很大。我们呼吸和嗅闻使用的是同一个通道,但狗却可以把用于呼吸的空气和用于嗅闻的空气分开。我们的嗅球位于鼻腔通道中相对开放的洞穴里,其表面完全摊开之后大约和果酱罐的盖子差不多大。狗则拥有一系列叫作鼻甲骨的骨质通道,其内部错综复杂，如果把它平铺开来，那么面积将会比罐头盖大几十倍（具体大小取决于狗的品种），大概有一张咖啡桌那么大，这极大地增加了嗅觉神经元从空气中获取气味分子的空间。简而言之，狗的鼻子比人类灵敏多了。

人类的嗅觉或许比不上狗，但我们也不需要为自己的鼻子感到羞愧。在科学家的强迫下，我们其实也可以做出一些本以为只有狗才能做到的事情。2006年，一个研究团队开始尝试证明，人类也有能力追踪地面上的气味。他们让32名被试者跟随蘸有巧克力香精的麻绳留下的气味痕迹向前走，然后拖着这条麻绳穿过了10米长的草坪，途中还有一个45°的拐弯。为了确保他们确实是在鼻子而不是其他东西的引导下前行，被试者戴上了手套、耳塞和不透光的眼罩。然后，他们被告知要以极为羞耻的姿势沿着地面爬行，这是最接近狗的行为方式——一边嗅着青草上残留的气味，一边缓步向前。人类的嗅觉器官达不到普通猎犬的标准，但是在大多数情况下，人类也能追踪气味的痕迹，哪怕拐弯也不会跟丢。更重要的是，随着训练量的增加，人的追踪技能也会愈发纯熟。

人类可以在原子水平上区分气味和味道，薄荷和香菜就是最好的例证：它们各自的味道来自两种几乎完全相同的分子，只是二者互为镜像而已，但我们的鼻子可以识别出这种差异。这就像是仅仅通过嗅闻就能分辨手套的左右手一样。不同研究结果存在差异，但一些可靠的计算表明，人类能够辨别的气味可能多达数万亿种。

然而，即便我们有能力探测到最微弱的气味（尤其是在科学家的强迫下），嗅闻在我们的生活中也不会是什么重要角色。但对于一条狗来说，对各种气味的感知是它探索现实世界的主要途径。所有动物都会用不同的方式感知宇宙，科学家有时会将这一对象称为"周围世界"（umwelt），这个词来源于德语，大致意思与"环境"或是"周遭事物"相近，后来则逐渐开始指代更普遍、更模糊的主观宇宙概念。当然，客观宇宙确实存在，但是周围世界让我们认识到，尽管我们和狗身处同一环境下，但我们和狗的主观世界完全不一样。

不仅仅是狗，还有很多动物同样依赖气味生存。人类或许对气味不太在意，但是这些动物的生命却完全由气味支配。气味在许多动物与世界的互动中发挥着至关重要的作用，尤其是在下列四种活动当中：进食、战斗、逃跑和繁殖。

嗅觉之于动物四种活动的重要性

蚂蚁非常善于利用气味来协助进食。你可能会很好奇，它们为何每次都能神奇地出现在所有食物残渣的周围，尤其是它们其实根本没有鼻子。它们怎么嗅到的呢？通过触须。和大多数昆虫一样，蚂蚁的触须上布满了嗅觉探测器，它们依靠左右摆动头部来捕捉地面和空气中的气味。嗅觉是它们探索世界的方式。它们对糖、油和蛋白质的气味非常敏感，甚至可以区分出不同类型的咖啡。蚂蚁中的侦察兵会留下它们自身的碳氢化合物作为路标，蚁巢中的其他蚂蚁会跟随它们的踪迹来到你掉落的果酱三明治上。蚂蚁不会浪费时间，一旦一个食物来源已经完全被搬运一空，蚂蚁就会发出信号来驱赶其他蚂蚁，让它们不要白费力气扑个空。

而在战斗、攻击和警告方面，猫、狮子、大象以及其他许多野兽（包括一些生活在水下的动物在内）都会用气味来标记它们宣称的领土，作为一种告诫其他动物退后的手段。雄性枪乌贼会互相争夺雌性，如果它们在海底看到了卵，那就意味着附近存在可生育的雌性乌贼。乌贼卵的表面有一种特殊的蛋白质分子，它能让原本平静的雄性瞬间变成暴怒的疯子，然后疯狂地攻击附近的所有其他雄性，撞击、搏斗、扭打，无所不用其极，直至将它们打个半死。

在逃跑这方面，我们在自由意志这一章中提到过，老鼠天生就会避开猫尿，除非它们感染了弓形虫。许多动物都进化出了天生对某些气味的恐惧，这些气味来自其他想要吃掉它们的动物。2001年，研究人员发现了一种会受到特定分子刺激的嗅觉感受器，这种分子存在于许多捕食者的尿液中，叫作2-苯乙胺。科学的魅力往往通过一些别出心裁的实验来体现，比如戴维·费雷罗（David Ferrero）和他的同事就收集了美国各地动物园中38种动物的尿液，其中包括狮子、雪豹、非洲野猫、牛、长颈鹿、斑马等。他们发现食肉动物分泌的2-苯乙胺比食草动物多得多，而老鼠会为了逃脱死亡的命运而避开这种化学物质。这可能就是潜在的猎物能够与捕食者之间保持距离的原因，哪怕它们之前从未相遇过。

至于繁殖，气味对许多动物来说是最有效的引诱剂，性信息素可以让它们意乱情迷。对于一头雌性野猪来说，雄烯酮是最能引起兴奋的气味之一。雄性野猪的唾液中会含有这种激素，当雌性野猪嗅到它之后，雄烯酮的强大力量会让它摆出一种被称为"脊柱前凸"的体位，这是一种随时准备交配的体态，也叫作"交配姿势"。

以上这些表现，人类都不会有。人类不会像野猪那样闻到气味就兴奋，也不会因为闻到气味而躲避捕食者。我们不会用尿液来标记自己的领地，至少有涵养的人不会。虽然杰西这只在前面几章扮演了重要角色的惠比特犬会产生一些我们都曾不幸闻到过的难闻气味，但也没到让我们大发雷霆的地步。你可能会说，我们会被餐馆里的美食飘出的香味所吸引，但这与蚂蚁在野外觅食的生理需求不太一样。说到性事，虽然有一个完整的产业在销售号称能够吸引性伴侣的产品（并且基本上只有帮助男性吸引女性的产品），但从来没有任何证据显示人体内存在性信息素。当然，臭气熏天的人通常不太受欢迎，但这并不一定是他们分泌出的某种化学物质所导致的。

人类似乎已经通过进化摆脱了对气味的依赖，我们不再将嗅觉作为与他人以及其他动物交流的主要手段。但我们的祖先似乎和我们不太一样。嗅觉是一种古老的知觉，其潜在的遗传特征暗示了人类的鼻子存在的缺陷。

嗅还是不嗅

当基因产生的蛋白质没有任何用途时，它们就可以不受约束地发生突变，并且成为累赘，在基因组中自甘堕落，"就想编辑没住意到的那些错别子一样"①。但是通过仔细观察，我们可以发现一些曾经发挥过作用的基因已经失去了原本的功能，这一点在我们善于嗅闻的祖先所遗留的痕迹上表现得最为明显。我们有将近900个与嗅觉相关的基因，但其中有一半都已经退化了。这种基因层面的衰退导致一些人现在已经闻不到曾经所有人类都能嗅出的气味了。深受饥渴的雌性野猪喜爱的雄烯酮就是一个典型的例子：对有些人来说，它甜得有些发腻，而另外一些人则缺乏能

---

① 这句话里的错别字（想、住、子）是仿照英文版原文故意为之。——译者注

够检测到这种气味的感受器。

另一个例子是芦笋。在你吃下一些鲜嫩美味的小芦笋之后，不出半小时，你的尿液就会反映出你曾吃过这种食物。你的身体会消化这种蔬菜中的芦笋酸，并将其转化为富含硫的化合物，如甲硫醇、二甲硫化物等，这些化合物会伴随尿液排出体外。对一些人来说，这些东西的气味非常浓烈，而其他人则根本闻不到它们的气味。是否具备闻到某一物体的气味的能力仅仅取决于你的某个基因是在正常工作，还是已经因发生突变而出现故障。

基因排列的所有可能性造就了一些非凡的人类——他们的嗅觉异常灵敏，而这会产生显著的影响。

如何嗅出致命的疾病

来自苏格兰珀斯的退休护士乔伊·米尔恩（Joy Milne）注意到她丈夫的气味发生了变化。莱斯的皮肤上隐约有一股麝香味。起初，乔伊还指责他没好好刷牙或是没有好好洗澡，但是莱斯辩称自己一切都做得很到位，于是她也就没再追究。6年后，莱斯被诊断出患有帕金森病，并且后来死于这种令人日渐衰弱的疾病。

莱斯确诊后，莱斯和乔伊一起参加了一个帕金森病互助小组。在房间里坐下之后,乔伊又嗅到了那股麝香一般的气味。她连忙借着分发倒满茶的茶杯的由头,闻了闻其他参与者身上的气味,发现他们身上都散发着与自己的丈夫相同的气味。她向爱丁堡大学的帕金森病专家提洛·库纳特(Tilo Kunath)提到了这一点。虽然这听上去很不可思议,甚至不太可能发生,但他相信了乔伊,并决定测试她的嗅觉。他交给乔伊6件帕金森病患者的T恤和6件正常人的T恤,并让她将它们区分出来。在这12道题中,乔伊答对了11道,其中错误的那个是她在一件正常人的T恤上闻到了那股独特的气味。而8个月后,这个人也确诊了帕金森病。

在这一非凡成果基础上,后来者完成了一项大型研究计划,探明了这种气味的具体成分,其中包括一些名字相当奇怪的分子——马尿酸、二十烷、十八醛,即将罹患帕金森病的人的皮肤分泌的油脂当中会含有这些物质。我们目前还不知道为什么会发生这种情况,尤其是为什么它会在其他迹象出现之前发生。诊断帕金森病通常需要通过观察一系列症状,如震颤、行动迟缓、嗅觉丧失(这可真是讽刺)等。这项基于乔伊·米尔恩的超强嗅觉的研究发表于2019年,从此之后我们掌握了一种新的诊断方法,可以提前几个月就检测出这种毁灭性的疾病。

这一研究表明,嗅觉的周围世界并不单单因为物种的不同而存在差异:实际上在嗅觉这一方面,不同狗的体验和不同人类的体验都是不同的。遗传学中的基础生理特征意味着人类参与嗅觉世界的能力不仅是有限的，而且是因人而异的。每个人嗅到的气味都不一样，比如本书的两名作者就会嗅到不同的气味。再考虑到每个人经历过的事情有所不同，以及气味可以引发快乐或痛苦的回忆，因此任何一个人的嗅觉当然都是独一无二的。周围世界彻彻底底、完完全全是个人主观构建的产物。

最没用的超能力

亚当：在我们写作这本书时，一种新的传染性病毒席卷了全世界，这造成了数亿人感染，数百万人死亡。嗅觉大幅下降是新型冠状病毒肺炎的常见症状之一。大约有一半的新冠肺炎患者会出现这种症状，而据我们所知（迄今为止），大约 90% 的患者会在约一个月后康复。我们还不知道为什么会这样。生物学家、嗅觉专家马修·科布（Matthew Cobb）提出了一种理论，他认为新冠病毒会破坏一种蛋白质，而这种蛋白质原本有助于将挥发性分子从空气中送入嗅球细胞，但他自己也承认，这只是一条基于现有研究做出的猜测。

我本人在 2020 年 3 月曾从新冠肺炎中侥幸脱险，那可不是什么有趣的经历。与大多数新冠肺炎患者不同的是，我的嗅觉异常表现为嗅觉过敏，也就是对气味极为敏感，我也

> 不知道其背后的原因，而表现出这种症状的人似乎非常少。那时的我基本上什么都能闻到，比如，我隔着两层楼准确地识别出了我女儿涂抹的护手霜，还隔着两扇紧闭的门闻到了我儿子用的沐浴露，甚至嗅出了马路对面的街角小店中燃烧的熏香。漫画中的超级英雄通常都是在逆境中获得超能力的——永生的死侍是由于无法治愈的癌症，夜魔侠则是由于儿时的失明。但我只在新冠肺炎感染中获得了嗅出护手霜味道的能力，说实话，我觉得自己亏大了。

在我们的所有知觉中，嗅觉可能是最能体现情感的。想想看这是多么强大的力量：某种东西的气味可能会立刻把你的思绪带回童年，或是多年前的假期——清晨滋滋作响的培根、旧书的书页、烤面包、薯条上的酱汁……以及，还有什么能比婴儿的头皮或是爱人的皮肤散发出来的气味让人更有感触吗？气味能触发最令人回味的记忆。对亚当来说，甜菜的浓郁香味可以立刻让他回味起年轻时在萨福克郡的制糖工厂附近的田野里打橄榄球的情景。汉娜买过一支精致的香薰蜡烛，并且在蜜月期间的每一天都会点燃它，而现在的她希望，只需要轻轻一擦火柴就可以重温那段温馨的时光。很可惜，这种蜡烛停产了，她再也找不到当时点过的蜡烛了，无论付出多少金钱和爱。汉娜的婚姻破裂了，现在她与一名陆军驯犬师和两头狼生活在一起①。

对一些人来说，某些气味会唤起强烈的创伤后应激反应，因为他们会回忆起战争期间的事情，或是目睹过的伤害和痛苦。我们对这一现象的（有限）理解依赖于研究人员对大脑海马区的发现：有一组名为位置细胞的神经元，当我们回忆起特定的地点时，这些神经元就会活跃起来。位置细胞会从包括气味在内的多种感官信息中获取线索，并在我们再次遇到同样的气味时触发那段记忆。

我们在这个世界上游荡着，对别人的经历几乎一无所知。嗅觉在我们的所有知觉中也并不占据主要地位。把焦点从鼻子转到眼睛之后，我们会发现自己的知觉和别人的知觉之间的差异将变得更加深刻：在视觉上，现实世界所表现出来的也并非真实的模样。

视力测试时间到

现在你需要找到一位朋友，以及一个颜色鲜艳的物体，比如马克笔。不要让朋友看见它，然后让这位朋友直视前方，同时将马克笔举到他耳朵旁边大约1米远的位置。在他凝视前方的同时，

---

① 为了防止引发误会，我们必须声明这其实是一句玩笑话。

慢慢将马克笔移动到他们的视野中，环绕其头部前方半径为1米的半圆移动，然后让他告诉你他自己看到了什么。在他要说出答案的时候，停止移动马克笔，并开始摆动它。你的朋友应该能够观察到马克笔的摆动，但看不清它是什么，更重要的是，他看不清这支马克笔是什么颜色。

眼睛的主要功能是捕捉光子，在哺乳动物体内，这一过程一半发生在视网膜上——你可以将其看作大脑的延伸，它由3层神经元组成。收集光子的工作是由名为光感受器的细胞完成的，光感受器分为两种：视杆细胞和视锥细胞。人类的视杆细胞位于视网膜边缘，它们负责检测运动，但是无法感知颜色，也无法提供清晰的画面。[1]

当你把马克笔停留在你朋友的视觉边缘时，只有视杆细胞在工作。也就是说，他只能看到马克笔的存在和运动，但是看不见它的颜色和其他细节。

当你沿着弧线移动马克笔时，视锥细胞就会开始工作。视锥细胞是色彩捕捉器，正是因为在眼睛中心位置密集分布，它们才能向你提供图像的细节。只有在视锥细胞被激活的条件下，你才能辨识物体是什么。

---

[1] 我们在第5章中提到过视杆细胞，它是我们认为自己能看见幽灵的原因之一，因为视杆细胞会在黄昏时履行职责，并且能够探测出我们视野角落之外的单色运动。

如果你信任自己的大脑，那么你就会认为自己拥有完整的色觉，但实际上你并没有。本节开头的实验表明，人类视野两侧的物体是黑白的，不过也许你从来没有注意到这一点。正常人一般不会花那么多时间去思考关于视觉的问题[①]，但是在视野周围摆动的马克笔表明，我们的眼睛能做到的事情受到生理限制，而这也限制了我们观察的方式和能看到的东西。视觉并不是对现实世界的客观写照。

情况甚至比这还要糟。视锥细胞分布最密集的地方是中央凹，这一部位的视力最为敏锐，对我们认清面前的世界也最有帮助。从光感受器延伸出来的神经纤维聚集成视神经，将眼睛和大脑连接起来。但是视神经进入眼睛的地方根本没有感光细胞，因此我们的视网膜上存在一处完全黑暗的地方，我们称之为盲点。我们可以用一个类似于大变活人的戏法向你展示盲点的位置。

首先，从大约2英尺（约60厘米）的距离观察下页两张可爱的照片（这就是本书的两位作者的照片），注意让鼻子对准这两个头像中间。然后，闭上左眼，把右眼对准汉娜的脸。

现在，让你的头慢慢靠近这本书，在这一过程中保持你的右眼时刻盯着汉娜。

---

① 但是亚瑟会。

在某一时刻,大概是在你的眼睛距离书约1英尺(约30厘米)的时候,亚当的脸会从你的视线中消失。从这个头像上反射出来的光子仍然会进入你的眼睛,但它们击中的是盲点,因而不会转化为电信号。你的大脑知道光感受器上存在这个漏洞,因此它会用手头的视觉信息将其填补起来,比如亚当头像周围的信息——其周围是一片空白,因此这张脸会短暂地消失一会儿。

只要你想的话,你也可以闭上右眼,然后用左眼盯着亚当,接着让汉娜消失。不过没人想得通你为什么要这么做。

我们对世界的感官体验是由视觉主导的。当然,有些人会遭受先天或者后天的失明,但对大多数人来说,宇宙中充满了光亮,我们把光子收入黑暗的大脑中,构建出丰富多彩的现实世界。

你能看见我眼中的世界吗?

视锥细胞可以捕捉3种颜色。每个视锥细胞内都有一种叫作视蛋白的分子，它们能够吸收光子。这些分子有3种，每种分子专门用来接收一种特定波长的光。简单来说，这种设计是为了识别可见光谱中的短波长、中波长和长波长的光，它们分别对应着蓝色、绿色和红色——光的三原色。

  人类在基因上的缺陷可能会导致其缺乏某种视锥细胞，这些人则会因此而无法区分某些颜色。这类疾病大多极为罕见，除了红绿色盲——大约有8%的男性患有红绿色盲（而大约只有0.5%的女性患有该病）[1]。当编码红色或是绿色的视锥细胞所对应的基因出现故障时，就会发生这种情况。这样一来，这个人就只剩下两种视锥细胞，其中有一种能够感知蓝色，另一种则取决于存在缺陷的基因对应何种视锥细胞。当来自光谱中的红—绿这头的光子进入眼睛时，剩下的这种视锥细胞就必须承担所有的任务。例如，假设某个人缺少绿色视蛋白，那么剩下的红色视蛋白就会同时吸收绿色和红色光子，然而却无法将它们区分开来。[2] 红绿色

---

[1] 编码绿色和红色视锥细胞的基因位于X染色体上，这意味着如果一个人出生时是男性，并且很不幸从父母那里继承了一个不可靠的绿色视蛋白基因，那他就没什么指望了。相比之下，女性有两条X染色体，于是她们就拥有了掷两次色子的机会。基因中的缺陷都是由DNA片段传递下去的。

[2] 红色视蛋白和绿色视蛋白的吸收光谱有重合之处，于是两种光子可以同时被它们接收。但红绿色盲只是众多色觉障碍中的一种。蓝色视蛋白也有可能出现缺失，这会导致我们看不见蓝色光波段的颜色。我们在这里简化了有关色盲的叙述，因为遗传学实在过于复杂，汉娜对自己所掌握的内容也没有十足的把握。

盲患者看不出红色的板球和绿色的草地之间存在颜色上的差异，也看不出交通信号灯里红灯和绿灯的颜色差异（这也是为什么不同颜色的信号灯需要用不同的灯泡显示，而不是只用一盏能够变色的灯泡）。

然而，尽管拥有全部3种视锥细胞的人和缺乏某种或多种视锥细胞的人在视觉体验上存在巨大差异，但是很大一部分色觉有缺陷的人完全意识不到自己的异常。我们缺乏通用的语言来描述视觉的周围世界。本文的读者当中可能就有很多这样的人，他们携带着异于常人的基因行走在尘世间，然而自己却对此浑然不觉。

或许你也可能拥有基因层面的超能力。有些女性可能拥有第4种视锥细胞，这意味着她们有可能是四色视者——这类人可以看到4种原色。这是一种我们还没能完全了解的新现象，但似乎每8个女性中就有1个人拥有一段新的DNA片段，也就是位于X染色体上的一种新的视蛋白基因。我们知道，有些人能看清颜色深浅的细微变化，而我们其他人却只能看到单调的颜色，其原因也许就在于此。我们之中可能有一些人确实能够区分出几千万种颜色，只是目前还没有恰当的语言能用来为这些颜色命名。各位女士：如果你发现自己对颜色的深浅有不同于他人的认识，比如你认为自己看到的是丰富多彩的绿色而其他人却只是说这块颜色黑乎乎的，那么你有可能已经到达了人类进化的下一阶段。

我们知道每个人对世界的体验都各不相同,而且受到基础生物学构造的限制;我们也知道有些人看到的颜色比其他人更多;我们还知道所有的知觉都发生在黑暗的大脑深处,我们正是在这里处理来自光子的信息,并以此构建我们所生活的现实世界。但我们不知道大脑是否也对涌入眼球的光子构建了同样的内在体验,并且也没有什么方法能够对此进行研究。

我们可以在"板球是红色的"这件事上达成一致。我们用"红色"这个词来描述从板球的表面反射并被我们的视网膜捕获的光的波长,但是你的红色和别人的红色一样吗?如果你能以某种方式潜入他人的思想中,站在他们的视角上体验一整天,你对这个世界的看法会发生很大改变吗?

每个人对颜色、味道、气味以及触觉的确切体验是科学不可测量、不可知晓、不可言说的。这是科学和哲学中最难的问题之一,以至于极具创造力的科学家和哲学家称之为"困难问题"(the hard problem)。科学尝试衡量我们对现实的感知,但它只能找到不同人之间的差异。我们对颜色的感知以及对气味和味道的敏感度都存在生物学上的差异。没有人曾经以与你完全相同的方式体验过这个世界,将来也不会有,但是这可能会有助于解释为什么每个人喜欢的事物、喜欢的颜色和喜欢的气味之间存在巨大的差异。

在视线之外

任意两个人对世界的体验都不可能相同。同样，我们人类的世界观与地球上其他数十亿种生物的世界观也不可能相同。我们感知的极限是由身体硬件决定的，而我们的硬件条件又是为了适应生活的环境而进化来的。

这一点在视觉上体现得尤为突出。我们眼中的彩虹和宇宙中充斥着的各种光都是由相同的物质组成的，即波长不同、能量各异的光子。我们的身体硬件决定了眼睛能感知到颜色，以及感知到什么颜色，但是这些被我们感知到发光的东西并没有什么特别之处。电磁波的频谱远远不止人眼能够看见的波长，我们用来探查骨骼的X光、用来加热食物的微波、对宇航员有致命威胁的宇宙射线、以音乐和政治新闻等形式存在的无线电波以及科学家在科研中遇到的各式各样的波，它们本质上都是一样的东西。

电磁波谱的范围极广。伽马射线的波长最短，大约为1皮米（1毫米的十亿分之一）；波长最长的则是极低频无线电波，其波长约为10万千米。

我们的视锥细胞只能探测到电磁波谱中极窄的一部分，也就是波长大约在370纳米（深紫色）到700纳米（鲜红色）之间的波。也许我们可以看见紫外范围的物体，只是我们眼睛的晶状体将紫外光完全阻挡在外。因此，在身体硬件的严格限制之下，我们能看到的光实际上在宇宙中所有的光里面只占很小一部分。如果把一本304页、350 767个字符的书比作电磁频谱，那么我们实际上能看到的内容就只有不到一句话，甚至只有寥寥三五个字，这确实不多。其他动物受到的限制可能不像人类这么大。许多会飞的昆虫都能看见紫外光，而需要昆虫帮忙授粉的鲜花深知这一点，它们在自己漂亮的花瓣上准备好了紫外线跑道，可以直达它们多汁的花蜜和最重要的性器官。蜜蜂虽然不能像我们一样看到电磁波谱中的红色可见光，但它们可以清晰地看见紫外光。蜜蜂的眼睛进化得非常出色，它们眼睛的闪烁阈值更高，可以感知到彩虹色，使得蜜蜂在飞行时可以精准地识别出鲜花（只要不是红色的就行）。

在所有昆虫当中，色觉最好的似乎是蝴蝶。它们不仅可以探测到紫外范围的光，而且能够辨别出更多种原色。我们人类只能辨别出区区3种原色（或许有些人能辨别出4种），但是有很多蝴蝶都能辨别出9~10种，而青凤蝶甚至可以辨别出15种原色。我们无法想象蝴蝶的世界有多么精彩。当多萝西踏入奥芝国时，她走出了堪萨斯那沉闷的黑白世界，进入了色彩缤纷的矮人国度，那里有西方恶女巫和黄砖路。[①]想想看多萝西的内心会有多么震撼，如果我们能看到蝴蝶眼中的世界，可能也会有同样的感受。

[①] 这里说的是《绿野仙踪》的故事情节。——译者注

能看见紫外线的哺乳动物并不多，驯鹿就是其中一员，而我们是将驯鹿麻醉之后才发现这一点的。在麻醉状态下，动物的视网膜依然会对外界刺激产生反应。2011年，一个研究团队进行了一项实验，他们向18头驯鹿的眼睛照射光线。在紫外线下，驯鹿的视网膜神经元受到了激活。为什么驯鹿能够看见紫外线呢？想想它们生活的环境。紫外线大部分都会被地面吸收，但是当地面被冰雪覆盖的时候，几乎所有紫外线都会被反射出来。然而，地衣（驯鹿的重要食物）和尿液（传递战斗和交配信号的重要媒介）在雪地反射的紫外线中呈现为黑色。对你我来说，这只是一层纯净的白雪，但是在驯鹿的眼里，遍地都是食物和性的痕迹。

最近，有人发现鸭嘴兽能发出多个波段的紫外光。目前我们尚未探明鸭嘴兽能否看见紫外光，但我们认为这种极为怪异的生物很有可能具备这一能力。作为一种能够产卵的哺乳动物，同时还长着有毒的刺和能探测电流的喙，它们为什么不顺便长出一身如灯球般闪耀的皮毛呢？

五彩斑斓的深海统治者

然而，与真正的视觉大师相比，能看到紫外光这种雕虫小技根本不值一提。感光领域的王者生活在黑暗的深海中，那就是雀尾螳螂虾。这种小型虾分为很多种类，我们认为它们比海洋中的一些傻瓜更值得推崇。

这些甲壳类动物就像嘉年华庆典上的彩虹虾一样五彩斑斓。上面这张配图虽然好看，但是并没有准确刻画出雀尾螳螂虾的外观。这不是我们才华横溢的插画师爱丽丝·罗伯茨（Alice Roberts）教授的错，只是人类暂时还没有能力还原这种动物所有华丽的细节。雀尾螳螂虾可以看见波长 330 纳米到 700 纳米之间的光，这一范围超出了大多数动物（包括人类在内）的能力范围。另外，雀尾螳螂虾真正的超能力体现在色觉上，它们拥有多达 16 种不同类型的视锥细胞，比其他任何动物都要多，这意味着它们眼中的世界是由 16 种原色组成的缤纷多彩的世界。

视觉分辨率则是由组成复眼的单元数量决定的。蜜蜂的每只复眼大约有 150 个单元，果蝇的每只复眼大约有 700 个单元，而螳螂虾的复眼中则包含上万个单元。这一差距就像是在 20 世纪 80 年代的雅达利 2600 游戏机上玩《太空入侵者》和用索尼 PS5 游戏机在 4K 显示屏上玩《刺客信条》的区别。

不过，这种超级视觉有些令人费解。螳螂虾一般生活在大约 1 英里（约 1.6 千米）深的海底，那里一片漆黑，几乎看不到任何颜色。我们不知道为什么螳螂虾会拥有如此强大的色觉，但无论如何，它们一定发挥了重要的作用，只是我们还没摸清楚。它们所在的周围世界与我们的截然不同。我们根本无法察觉到这个世界的存在，无论它在深海里，还是在我们的面前。

导演剪辑版

在这本书的开头，我们曾让你闭上双眼。现在这本书已经接近尾声了，我们想让你活动活动眼睛。拿出你的手机，翻转摄像头，让前置摄像头对准自己的脸。接下来把手机拿到距离鼻子大概 20 厘米的地方，点击录像键。现在我们想让你们看着屏幕上自己的眼睛。先看向你的左眼，然后再转向右眼。以此类推，反复几次。

在回放录像的时候,你将发现自己的眼睛会来回移动。眼球的确是会动的,这一点儿也不奇怪——每只眼球周围都有7块肌肉,如果它们不会动,那肌肉长在这里就没什么意义了。

现在请找到一面镜子,然后做出同样的动作:在大约20厘米外近距离观察你的两只眼睛。你会觉得这实在没什么可看的,眼球并没有发生明显的移动。很少有哪个实验的正确结果就是"什么都没有",不过事情还没完。没有什么东西可看这一情况揭示了一些非常不同寻常的东西。显然你的眼睛发生了移动,否则你就不可能聚焦到两只不同的眼睛上,但是你却没有看到它们的移动。不过不要惊慌,你并不需要为此咨询眼科医生。你的眼睛并没有出什么问题,只不过是你原本设想的情况根本不会发生罢了——你的眼睛不可能观察到其自身的运动。

这是什么魔法?其实这只是你的大脑应对海量现实信息时惯用的策略。在活动眼球的录像当中,你可能会注意到眼球的运动并不顺畅,而是略显急促且不连贯,就像在嘀嗒作响的时钟上不断跳动的秒针一样。这可能显得有些奇怪,因为当你扫视一片美丽的风景,或是一根特别长的香肠时,你感知到的图像是连续而平滑的。然而,你的眼睛在扫过这片景色(或是这根香肠)的时候,实际上是在急剧地颤动。

这种小幅度的快速眼部运动有一个专门的名字:眼扫视(saccade)。这种看似不起眼的运动其实相当了不起,它是人类能做出的最快的肌肉运动之一，其速度高达每秒500°左右（这里的500°指视角，为了让你更加直观地理解，把手臂在面前伸直，竖起拇指，在这个距离看到拇指宽度的视角大约为2°），而我们每秒钟最多可以做4次眼扫视运动。在观察一张脸、一幅画或是任何能被有效地感知为图像的东西时，我们的眼睛实际上是在快速移动的过程中对眼前的信息进行采样，并以此来构建出整个图像。你现在就在做这件事。阅读是一种粗暴、剧烈的眼扫视运动，在快速扫过本页的内容并停在这一行试图理解这句话的意思时，你可能都没有意识到这一过程实际上完全不在自己的掌控范围内[①]。眼扫视会以尽可能快的速度进行，而你的大脑会将采集到的图像组合成一个连贯、可读并且（我们敢说）相当通畅的句子。

我们的眼睛并不同于手机上搭载的像素高达数千万的摄像头。数码相机中装有一系列传感器，它们可以从镜头指向的方向上采集信息，并将该视角下的信息转化为图像。但是眼睛工作的原理并不是这样。

若想得到一个清晰的高分辨率图像，你的眼睛必须把光子送到中央凹上，这是视网膜后部的一个微小凹痕，视锥细胞在这里的分布最密集，因此这一区域的视力最敏锐。因此，我们的眼

[①] 也不是完全控制不了。你可以闭上双眼，也可以拿顶帽子把眼睛遮住，或是放下书去吃点儿零食。但你应该明白我们是什么意思。

球要在各处快速扫描。它们并不是把面前的世界录制成流畅的视频,而是不停地拍摄快照,再交由大脑将这些碎片拼接在一起。

我们之所以无法看到眼睛自身移动的原因是,我们的大脑会剪掉眼扫视之间的片段——这一过程被称为扫视抑制。假如缺少这一步骤,我们将只能看到一片模糊混乱的景象。我们感知的视觉其实是导演剪辑版的电影,你的大脑就是统领全局的导演,它会将原始镜头无缝拼接在一起,形成连贯的现实场景。

知觉是大脑对现实世界实际样貌最贴近的猜测。尽管这团位于黑暗的头骨内的肉块拥有强大的计算能力,但如果把面前的所有信息全部吸收进来,我们的大脑肯定会爆炸[1]。我们的眼睛不会这样做,它们会从世界的各个角落取样,然后填补大脑的空白。

这也是电影的原理。一部电影通常由每秒24张静态图像连在一起播放形成,我们的大脑会认为这是连续、流畅的运动(movement)——这也是"电影"(movie)一词的由来。实际上每秒16帧就足以让人产生运动的错觉。在这样的速度下,电影放映与现实世界很难区分,至少对我们人类来说很难。1927年,第一部有声电影《爵士歌王》首次引入了与影像同步的对话声音,并设立了每秒24帧的标准。为了保证声画同步,制作录音系统的公司决定采用一个马达来同时驱动录音盘和胶片盘,而早期对有

---

[1] 当然,它们并不会爆炸,但我们将会得到一个混乱而激烈的结果,就像在聚会上喝醉了之后挥舞着相机拍下的照片一样。你可以在家里尝试一下。

声电影的尝试通常会采用不同的马达分别播放声音和画面。新的设备将帧率设置为24，这倒没有什么特别的原因，剩下的就是电影史的范畴了。

这对人类有效，但肯定不是通用的：电影使用的帧率对某些动物的视觉系统来说毫无意义，比如鸽子。

运动视盲症

我们往往是在一个东西坏了的时候了解它的工作原理的。有一种非常罕见的神经系统疾病正是一个典型例子，其名为隐匿性运动失认症。这是一种运动视盲症，会导致人无法看到物体移动的轨迹。患者只能看到一张张静态的画面，这有点儿像在迪斯科舞厅的灯球闪耀之下观察人们跳舞时看到的景象。科学家尚未探明这种疾病发生的原因，但它与位于大脑左后侧的枕叶V5区有关，这里是大脑通过视觉信息处理运动图像的区域。隐匿性运动失认症患者大脑的这一部分受到了损伤——有些处方药会造成这种后果。患者在访谈中表示他们连倒杯茶都很困难，因为他们只能看到这样的场景：杯子里的水明明只盛了一半，但是突然又闪现成满到快要溢出来，中间没有任何变化的过程。想想看，如果这些患者不是在倒茶而是在开车，那会有多危险。

鸽子眼中的帧率造就了它们独特的摇摆方式，不过这并不是传统意义上的摇摆，而是用来稳定运动视像的运动。如果把一只鸽子放到跑步机上，你将看到虽然它的身体正在运动，但是它的头却在长达20毫秒的时间内纹丝不动，这一精确结果来自20世纪70年代的一项实验。鸽子的头部实际上根本不会晃动，而是会尽可能长时间地保持静止，它们用这段时间来消化视觉信息，然后才会猛然向前抽动，拍摄下一张快照。蜂鸟和红隼也是如此，它们悬停在空中是为了尽可能保持头部静止不动，而鹅等长颈鸟类则是通过头部的运动来抵消拍打翅膀时向下产生的强大推力。所以你要是带着鸽子、鹅或是翠鸟一起去看电影，它们将无法享受到电影的乐趣，因为它们只会看到不断闪烁的图像，而这是无法理解的。同样，我们也看不了鸽子放映师播放的电影，当然，这不仅仅是因为电影的全部故事情节都是围绕着在某个雕像上面排泄展开的。

真正的现实世界行动指南

我们并不是想说鸽子很愚蠢，虽然它们的确如此，但这并不是重点。我们看待世界的方式和鸽子看待同一个世界的方式之间存在巨大的鸿沟，这揭示了我们与现实世界的关系，以及我们如何理解自己在宇宙中的位置。

我们的眼睛有力地说明，我们经历的一切都是对现实世界进行大量剪辑之后得到的版本。进化为我们找到了一种方法，让我们在黑暗的头骨内收集、处理和解释光信号。我们的大脑克服了许多解剖学上的限制——帧率、盲点、存在缺陷的视锥细胞、黑白无色的边缘视觉。我们在脑海中构建主观世界观时甚至都没有注意到眼睛的局限性。

如同地球上其他所有生物一样，我们的身体也为了确保自身持续生存而经历了细致的调整。但若是认为这样就能让我们体验到真实的现实世界，就是毫无意义的盲目自信了。我们每个人都被禁锢在自己的周围世界里，被我们的感官所限制，被我们的生物特性所束缚，被我们进化历程中不可逃避的界限所约束。我们的地球只是浩瀚宇宙中的一粒尘埃，只要被困在这颗行星上（或是这颗行星周围），我们就无可救药地被束缚在这些东西上。我们只能透过钥匙孔观察宇宙，获取现实世界的一小部分信息。

然而，多亏了科学和数学，以及永远得不到满足的好奇心，我们知道了还有太多太多我们看不见、听不清、嗅不到、摸不着，甚至想象不出的东西。我们的大脑中存在着一大堆与生俱来的故障和错误，这意味着我们必须与成见、偏见和先入之见做斗争。我们的大脑中确实预装了这样做的强烈欲望，也正是因为能够认识到自己的知觉是受限而扭曲的，我们人类才有能力纠正错误的直觉，并超越这些限制。

这是我们光荣的使命。我们可以看到完整的电磁波谱，无论是X光还是从不可见的黑洞中散发出来的霍金辐射。我们可能无法准确地感知时间，但我们能认清自己能力的局限，并且建造出了在宇宙存续至今100多亿年时间内的走时误差不超过1秒的时钟来弥补。我们没有狗狗那么灵敏的嗅觉，但是鉴于天体物理学家已经在银河系中心发现了甲酸乙酯的存在，我们可以斩钉截铁地告诉你，银河系闻起来就像是朗姆酒和覆盆子。

看看我们已经走过了多远的路。我们已经超越了既定的程序，到达了远远超出理解范围的地方，进入我们细胞的深处、思维的缝隙，一探原子的构造和宇宙的结构。在过去的几千年里，我们发展出了科学，这是唯一能够帮助我们超越自己的感知、看清世界真实面貌的工具。科学并非完美无缺，但只有科学才能让我们超越生理极限、摒弃主观的感受，转而从真正客观的视角看待世界。从现在起直到无尽的将来，科学永远是书写终极指南的唯一途径。

致谢

以下人员在方方面面为我们提供了帮助，我们非常感谢他们：

威尔·施托尔、莎伦·理查森、斯图尔特·塔普林、纳塔莉·海恩斯、托尼·克里斯蒂、米歇尔·马丁、马修·科布、安德鲁·庞岑、莱昂·洛博、罗伯特·马修斯、朱莉亚·肖、莉莎·费德曼·巴瑞特、阿尼尔·塞思、丽贝卡·邓贝尔、路易莎·普雷斯顿、斯蒂芬·弗赖伊、科里·菲利普斯和爱丽丝·罗伯茨。

像往常一样，特别感谢乔治娅、比阿特丽斯、杰克、朱诺和杰西在漫长的夏天里为我们带来快乐和食物，也感谢菲尔、伊迪、艾维和茉莉坚定的支持，你们是写作过程中所有负面情绪的完美解药，既能帮助我们恢复精神，又能让我们集中精力坚持下去。

还要感谢詹克洛和内斯比特事务所的威尔·弗朗西斯和克莱

尔·康拉德，以及环球出版公司的苏珊娜·韦德森，感谢她在我们拖过截稿日期以后表现出的无穷无尽的耐心。我们最终完成了任务。

最重要的是，感谢亚当，你是我最好的搭档，你慷慨大方，为我提供了无限的智慧与友情。还有汉娜，在过去5年里，我每当遇到困难的时候都能得到你的帮助，你也总能给我带来欢笑。

图片来源

爱丽丝·罗伯茨教授创作了第2、35、51、85、146、204、276页的插图。

朱莉亚·劳埃德创作了第11、44、70、104页的插图。

Heritage Art / Heritage Images via Getty Images 提供了第223页的照片。

Stuart Simpson / Penguin Books 提供了第269页的作者头像。

其他所有图片均来自公共领域。

参考文献

下面列出了我们在这本书中引用的特定论文的链接,以及其他相关研究、文章,或是其他我们觉得你可能会感兴趣的东西。

前言

婴儿对客体永久性的认知是如何发展出来的,是一个奇妙而广泛的研究领域,目前学界还没有达成共识。要想入门,可以先阅读让·皮亚杰(Jean Piaget)的认知发展理论。

屎壳郎戴上帽子后就迷失了方向:
Dung beetles use the Milky Way for orientation
https://doi.org/10.1016/j.cub.2012.12.034

在聚会上表现糟糕的是家长,而不是孩子,孩子在聚会上表现糟糕并不是因为吃了糖:
The effect of sugar on behavior or cognition in children: a meta-analysis
https://doi.org/10.1001/jama.1995.03530200053037

第1章 无限可能

我们强烈建议你去乔纳森·巴齐尔的巴别图书馆看看，地址是：https://libraryofbabel.info/

一项可能根本毫无必要的研究表明，6只苏拉威西岛猕猴在拥有一台打字机以后并不会敲出莎士比亚的作品，只会把键盘当成厕所用。该论文的出版版本需要花25欧元付费下载，但原始版可参见：

Notes towards the complete works of Shakespeare
作者为 Elmo, Gum, Heather, Holly, Mistletoe & Rowan
https://archive.org/details/NotesTowardsTheCompleteWorksOfShakespeare

第2章 生命、宇宙以及一切

冥王星上可能存在的冰火山的照片（我们能拍摄到冥王星的照片，本身就已经很令人惊奇了）见：

https://www.nasa.gov/feature/possible-ice-volcano-on-pluto-has-the-wright-stuff

2020年9月发表的这篇论文描述了金星表面磷化氢的存在，有人充满热情地将其解读为生命存在的迹象：

Phosphine gas in the cloud decks of Venus
https://doi.org/10.1038/s41550-020-1174-4

但也有论文提出了相反的观点（我们认为争论是健康的科学研究中不可或缺的一部分）：

No phosphine in the atmosphere of Venus
https://arXiv.org/abs/2010.14305v2

来自巴基斯坦的巴基鲸是鲸的祖先，它的体长跟狗差不多，从陆地又回到了海里：
New middle Eocene archaeocetes (Cetacea: Mammalia) from the Kuldana Formation of northern Pakistan
https://doi.org/10.1671/039.029.0423

附着在古代鲸类肚子上搭便车的藤壶：
Isotopes from fossil coronulid barnacle shells record evidence of migration in multiple Pleistocene whale populations
https://doi.org/10.1073/pnas.1808759116

阿根廷龙的走路姿势：
March of the Titans: the locomotor capabilities of sauropod dinosaurs
https://doi.org/10.1371/journal.pone.0078733
https://www.manchester.ac.uk/discover/news/scientists-digitally-reconstruct-giant-steps-taken-by-dinosaurs/

蚂蚁脖子力量的生物力学分析：
The exoskeletal structure and tensile loading behavior of an ant neck joint
https://doi.org/10.1016/j.jbiomech.2013.10.053

来自《超级英雄科技》这本神奇杂志的论文：
Ant-Man and the wasp: Microscale respiration and microfluidic technology
https://doi.org/10.24413/sst.2018.1.2474

排尿的普遍规律：
Duration of urination does not change with body size
https://doi.org/10.1073/pnas.1402289111

第 3 章　正圆

关于宇航员眼球的问题还在研究中：

https://www.nasa.gov/mission_pages/station/research/news/iss-20-evolution-of-vision-research

太阳有多圆？
https://doi.org/10.1111/j.1468-4004.2012.53504_2.x

人类有史以来制造出来的最圆的球：
Gravity Probe B: Final results of a space experiment to test General Relativity
https://doi.org/10.1103/PhysRevLett.106.221101

第 4 章　亘古磐石

本章第一部分主要的引文来自《圣经》。我们也不确定要怎么标注引文，毕竟《圣经》有多个不同的修订版本，其作者也不清楚。

一块非常非常古老的海绵：
Whole-ocean changes in silica and Ge/Si ratios during the last deglacial deduced from long-lived giant glass sponges
https://doi.org/10.1002/2017GL073897

史前的奶瓶：
Milk of ruminants in ceramic baby bottles from prehistoric child graves
https://doi.org/10.1038/s41586-019-1572-x

第 5 章 时间简史

古老的珊瑚礁告诉我们地球的自转在逐渐变慢：
Proterozoic Milankovitch cycles and the history of the solar system
https://doi.org/10.1073/pnas.1717689115

现在是几点？
www.bipm.org

这篇分析或许部分解决了特朗普在发出最疯狂的推文时是否在上厕所的问题：
Twitter as a means to study temporal behaviour
https://doi.org/10.1016/j.cub.2017.08.005

最近的一次长期居住在洞穴里的实验：
The most recent experiment on living in a cave:
https://deeptime.fr/en/

时间感知与精神分裂症：
https://doi.org/10.2466%2Fpms.1977.44.2.436

在遇到古怪的事时，人对时间的主观感知会放慢：
Attention and the subjective expansion of time
https://doi.org/10.3758/BF03196844

在你吃蛋糕时，时间流逝会变快：
Time flies when you're having approach-motivated fun: Effects of motivational intensity on time perception

https://doi.org/10.1177%2F0956797611435817

在被推下高楼时,时间流逝不会变慢:
Does time really slow down during a frightening event?
https://doi.org/10.1371/journal.pone.0001295

第 6 章　生而自由

这一章里提到的催眠精神控制僵尸妖术看起来实在太不真实,令人难以置信,因此我们必须要给出描述了这些荒诞行为的原始研究论文。

翡翠蟑螂蜂:
Direct injection of venom by a predatory wasp into a cockroach brain
https://doi.org/10.1002/neu.10238

感染了寄生虫的琥珀螺蜗牛:
Do Leucochloridium sporocysts manipulate the behaviour of their snail hosts?
https://doi.org/10.1111/jzo.12094

铁线虫:
Water-seeking behavior in worm-infected crickets and reversibility of parasitic manipulation
https://doi.org/10.1093/beheco/arq215

寄生螃蟹的藤壶:
The selective advantage of host feminization: A case study of the green crab Carcinus maenas and the parasitic barnacle Sacculina carcini

https://doi.org/10.1007/s00227-012-1988-4

精神控制蚂蚁僵尸的真菌：
Evaluating the tradeoffs of a generalist parasitoid fungus, Ophiocordyceps unilateralis, on different sympatric ant hosts
https://doi.org/10.1038/s41598-020-63400-1

弓形虫与人类：
Effects of Toxoplasma on human behavior
https://doi.org/10.1093/schbul/sbl074

感染了流感的人更爱参加聚会：
Change in human social behavior in response to a common vaccine
https://doi.org/10.1016/j.annepidem.2010.06.014

2018年关于患肿瘤或受伤导致犯罪行为的研究：
Lesion network localization of criminal behavior
https://doi.org/10.1073/pnas.1706587115

本杰明·利贝关于准备电位的原始研究：
Unconscious cerebral initiative and the role of conscious will in voluntary action
https://doi.org/10.1017/S0140525X00044903

猴子的准备电位：
Bereitschaftspotential in a simple movement or in a motor sequence starting with the same simple movement
https://doi.org/10.1016/0168-5597(91)90006-J

抛硬币机器：
Dynamical bias in the coin toss
https://statweb.stanford.edu/~susan/papers/headswithJ.pdf

在感官剥夺室里跟踪果蝇的飞行轨迹：
Order in spontaneous behavior
https://doi.org/10.1371/journal.pone.0000443

第7章 神奇的兰花

我们在劫难逃！世界末日调查：
One in seven (14%) global citizens believe end of the world is coming in their lifetime
https://www.ipsos.com/sites/default/files/news_and_polls/2012-05/5610rev.pdf

《当预言失败》(*When Prophecy Fails*) 一书介绍了利昂·费斯汀格、亨利·里肯和斯坦利·沙克特这三位学者对"号角星"和邪教团体"追寻者"的经典调查研究。

汤姆·巴特利特对哈罗德·坎平信众的采访：
https://religiondispatches.org/a-year-after-the-non-apocalypse-where-are-they-now/

用做过手脚的计算器测试信念固着：
Electronic bullies
https://doi.org/10.1080/07366988309450310

用做过手脚的公式测试信念固着：

Experimental studies of belief dependence of observations and of resistance to conceptual change

https://doi.org/10.1207%2Fs1532690xci0902_1

伯特伦·福勒关于占星术成立的原理，以及我们倾向于把一般性的描述套用到自己身上，认为这是独属于我们的描述的经典研究：

The fallacy of personal validation: a classroom demonstration of gullibility

https://doi.org/10.1037/h0059240

对蚂蚁暴力行为的研究中的证真偏差：

Confirmation bias in studies of nestmate recognition: a cautionary note for research into the behaviour of animals

https://doi.org/10.1371/journal.pone.0053548

第 8 章 我的狗爱我吗？

想了解更多关于阿达·洛夫莱斯和查尔斯·巴比奇的经历，可参阅 Sydney Padua 的著作 *The Thrilling Adventures of Lovelace and Babbage*。

在玛丽·雪莱写作《弗兰肯斯坦》时，月亮的确异常明亮：

The Moon and the origin of Frankenstein

https://digital.library.txstate.edu/handle/10877/4177

对视障柔道选手表情的研究：

Spontaneous facial expressions of emotion of congenitally and noncongenitally blind individuals

参考文献　297

https://doi.org/10.1037/a0014037

播放完卡夫卡的有声书后，吓被试者一跳：
Facial expressions in response to a highly surprising event exceeding the field of vision: a test of Darwin's theory of surprise
https://doi.org/10.1016/j.evolhumbehav.2012.04.003

更多关于人工智能识别情感的问题，可参见：
https://ainowinstitute.org/AI_Now_2019_Report.pdf

关于艾克曼面部表情的元分析：
Emotional expressions reconsidered: challenges to inferring emotion from human facial movements
https://doi.org/10.1177%2F1529100619832930

对巴布亚新几内亚人对演员表情照片反应的重复研究（及失败）案例：
Reading emotions from faces in two indigenous societies
https://doi.org/10.1037/xge0000172

关于情感的问题，莉莎·费德曼·巴瑞特的《情绪》(*How Emotions Are Made*) 可以给你提供综合的指导。

美食广场里后悔的老鼠：
Behavioral and neurophysiological correlates of regret in rat decision-making on a neuroeconomic task
https://doi.org/10.1038/nn.3740

被雌性拒绝的雄性果蝇会喝更多的酒：

Sexual deprivation increases ethanol intake in Drosophilia

https://doi.org/10.1126/science.1215932

狗狗会动的眉毛：

Evolution of facial muscle anatomy in dogs

https://doi.org/10.1073/pnas.1820653116

（你也可以直接搜索"狗的眉毛"，感受图片给你带来的乐趣）

"乖宝宝"们各种各样的大脑：

Significant neuroanatomical variation among domestic dog breeds

https://doi.org/10.1523/JNEUROSCI.0303-19.2019

第9章　钥匙孔中的宇宙

让人类循着气味爬行的实验：

Mechanisms of scent-tracking in humans

https://doi.org/10.1038/nn1819

周围世界的主观宇宙：

Jakob von Uexküll: the concept of Umwelt and its potentials for an anthropology beyond the human

https://doi.org/10.1080/00141844.2019.1606841

捕食者的尿液：

Detection and avoidance of a carnivore odor by prey

https://doi.org/10.1073/pnas.1103317108

能闻出帕金森病的女性：
Discovery of volatile biomarkers of Parkinson's disease from sebum
https://doi.org/10.1021/acscentsci.8b00879

能看见紫外线的驯鹿：
Arctic reindeer extend their visual range into the ultraviolet
https://doi.org/10.1242/jeb.053553

发光的鸭嘴兽：
Biofluorescence in the platypus (*Ornithorhynchus anatinus*)
https://doi.org/10.1515/mammalia-2020-0027

鸽子的摇摆：
The optokinetic basis of head-bobbing in the pigeon
https://doi.org/10.1242/jeb.74.1.187

太空的气味：
Increased complexity in interstellar chemistry: detection and chemical modelling of ethyl formate and n-propyl cyanide in Sagittarius B2(N)
https://doi.org/10.1051/0004-6361/200811550